annabrevet

SUJETS et CORRIGÉS 2017

Histoire Géographie

Enseignement moral et civique

Christophe Clavel
Jean-François Lecaillon
Marielle Chevallier
Guillaume D'Hoop

Avec la participation de Louise Taquechel

Achevé d'imprimer
Par Maury imprimeur à Malesherbes - France
Dépôt légal 02224-9/01 - Août 2016

 ISSN 1168-3791 ISBN 978-2-401-02224-9

Annabrevet

MODE D'EMPLOI

Que contient cet Annabrevet ?

Tous les outils nécessaires pour te préparer de manière efficace aux exercices d'histoire, de géographie et d'enseignement moral et civique du brevet 2017.

En premier lieu, **le sujet zéro corrigé de la nouvelle épreuve**, mais également :
– des sujets complémentaires ;
– des conseils de méthode ;
– un mémo avec les notions clés.

▶ Une large sélection de sujets

L'ouvrage comprend des sujets complets et **des exercices classés par thèmes**. Il couvre **tout le nouveau programme** et illustre **les différents types d'exercices** proposés dans le cadre de la nouvelle épreuve.

▶ Comment les sujets sont-ils traités ?

Pour t'aider à bien interpréter un sujet et « fabriquer » une bonne copie, les auteurs ont associé à chaque énoncé :
– une **explication du sujet** et des aides pour construire la réponse (rubrique « Les clés du sujet ») ;
– un **corrigé clairement structuré**, avec des conseils et des commentaires.

Comment utiliser l'ouvrage ?

▶ À l'aide du sommaire

Dès le mois de décembre, **à l'occasion d'un contrôle ou d'un brevet blanc**, n'hésite pas à te familiariser avec les types d'exercices proposés au brevet en traitant ceux qui correspondent aux **thèmes à réviser**.

Travaille-les le plus possible, dans un premier temps, avec la seule aide des « Clés du sujet » ; puis confronte ce que tu as fait avec le corrigé proposé.

▶ À l'aide du planning de révisions

La date de l'examen approche. Grâce à la rubrique « Planifie tes révisions », tu peux organiser ton travail **en fonction du temps qui te reste**. Traiter les sujets proposés te permettra d'aborder l'épreuve dans les meilleures conditions possible.

Et l'offre privilège sur annabac.com ?

L'achat de cet ouvrage te permet de bénéficier d'un **accès gratuit*** aux ressources d'annabac.com pour le niveau 3e : fiches de cours, podcasts, quiz interactifs, exercices, sujets d'annales corrigés…

Pour profiter de cette offre, rends-toi sur www.annabac.com, dans la rubrique « Vous avez acheté un ouvrage Hatier ? ». La saisie d'un mot-clé du livre (lors de ta première visite) te permet d'activer ton compte personnel.

* Selon conditions précisées sur www.annabac.com

Qui a fait cet Annabrevet ?

▶ L'ouvrage a été écrit par des enseignants d'histoire-géographie et EMC : Christophe Clavel, Jean-François Lecaillon, Marielle Chevallier et Guillaume D'Hoop.
Louise Taquechel, enseignante de français, a rédigé les exercices de français des sujets complets.

▶ Les contenus ont été préparés par plusieurs types d'intervenants :
- des éditeurs : Anne Peeters et Grégoire Thorel, assistés de Sophie Larras et de Julie Laurendeau ;
- une correctrice : Clothilde Diet ;
- des graphistes : Tout pour plaire et Dany Mourain ;
- un infographiste : Vincent Landrin ;
- un cartographe : STDI ;
- une illustratrice : Juliette Baily ;
- un compositeur : STDI.

SOMMAIRE

Infos et conseils sur...

42 sujets expliqués et corrigés

Coche les sujets sur lesquels tu t'es entraîné.

Sujets complets

Histoire

Exercice 1 : Analyser un document • Exercice 2 : Maîtriser les différents langages

L'EUROPE, UN THÉÂTRE MAJEUR DES GUERRES TOTALES (1914-1945)

Géographie

Exercice 1 : Analyser un document • Exercice 2 : Maîtriser les différents langages

Planifie tes révisions

J –30 Révise des thèmes clés du programme

Nº	Thème
Histoire	
3	L'Europe, un théâtre majeur des guerres totales (1914-1945)
12	Le monde depuis 1945
17	Françaises et Français dans une République repensée
Géographie	
24	Dynamiques territoriales de la France contemporaine
28	Pourquoi et comment aménager le territoire ?
32	La France et l'Union européenne
EMC	
39	Le jugement : penser par soi-même et avec les autres

J –15 Travaille les méthodes

Nº	Point de méthode
Histoire	
8	Analyser un document
11	Rédiger un développement
Géographie	
25	Rédiger un développement
30	Analyser un document
EMC	
37	Argumenter à partir d'une situation

J –7 Les révisions se terminent !

Entraîne-toi avec le sujet complet 1, dans le temps prévu pour l'examen.

Infos et conseils sur...

La seconde épreuve écrite du brevet

1 Comment s'organise la seconde épreuve écrite du brevet ?

La seconde épreuve écrite du brevet concerne le français, l'histoire, la géographie et l'enseignement moral et civique (EMC).

A Quelles sont les modalités de l'épreuve ?

1. La durée

L'épreuve dure **5 heures**. Elle se compose de deux parties :
- **3 heures** pour la première partie, qui a lieu le matin ;
- **2 heures** pour la seconde partie, qui a lieu l'après-midi.

2. Le barème

L'ensemble de l'épreuve est noté sur **100 points** :
- dans la première partie, les questions d'histoire et de géographie sont notées sur **20 points chacune**, celles d'EMC sur **10 points**. Les questions de français sont sur 20 points ;
- dans la seconde partie, la dictée et la réécriture sont notées sur 10 points et la rédaction, sur 20 points.

B Comment se déroule l'épreuve ?

1. La première partie

La première partie est consacrée à **la compréhension, l'analyse et l'interprétation de textes et de documents**. Elle comprend deux périodes :
- une **première période**, de 2 heures, porte sur les enseignements d'histoire, de géographie et d'EMC ; elle comporte un exercice dans chaque discipline ;
- une **seconde période**, d'1 heure, porte sur le programme de français ; tu dois répondre à des questions sur un texte littéraire et sur un document iconographique ou audiovisuel.

> REMARQUE **Tous les exercices de français prennent appui, directement ou non, sur ce texte. Sa bonne compréhension est donc essentielle.**

2. La seconde partie

La seconde partie évalue tes capacités de **rédaction** et ta **maîtrise de la langue française**. Elle compte trois exercices :
- une **dictée** de 600 signes environ (20 minutes) ;
- un exercice de **réécriture** sur un court fragment de texte (10 minutes) ;
- un **travail d'écriture** (1 heure 30). Deux sujets de rédaction au choix te sont proposés : un sujet de réflexion et un sujet d'invention.

2 Comment te préparer à l'examen ?

Les épreuves finales du brevet constituent ton premier examen. Cela peut générer du stress. Mais, si tu es en bonne forme et que tu as travaillé régulièrement tout au long de l'année, tu n'as aucune raison de t'inquiéter.

A De manière générale

1. La préparation physique

- Il est en particulier recommandé de **dormir correctement** dans les deux derniers mois avant l'examen. Le manque de sommeil risque en effet de réduire tes performances intellectuelles.

- Pour mieux gérer ton stress, continue de **faire du sport**, sans excès, dans les jours qui précèdent l'examen.

2. La préparation intellectuelle

Cette préparation-là s'effectue tout au long de l'année.

- En premier lieu, sois **attentif en cours**.

- **Apprends tes leçons** au fur et à mesure ; n'attends pas le contrôle. Donne du sens à ce que tu apprends : n'hésite pas à expliquer, par oral ou par écrit, le contenu de ta leçon à un proche ou un camarade de classe.

- Lors de la préparation d'un contrôle, entraîne-toi à **extraire de ta mémoire** ce que tu y as mis. Révise pour de vrai !

> ATTENTION ! **Réviser n'est pas seulement relire. Il faut reformuler mentalement ce que tu révises et, si possible, par écrit, devant une feuille blanche.**

B Dans chaque discipline

- En **histoire, géographie et EMC**, tu as intérêt à faire des fiches de révision : pour chaque chapitre, note les points principaux en t'appuyant sur ton cours ou ton manuel.

- En **français**, prends le temps nécessaire pour lire et apprécier les textes qu'on te donne à lire à la maison (sous forme d'extraits ou d'œuvre complète). Rédige avec soin les réponses aux questions posées : c'est le meilleur entraînement aux exercices de français qui composent l'épreuve.

3 En quoi consiste plus précisément l'épreuve en histoire, géographie et EMC ?

Le matin, au cours des deux premières heures, tu dois traiter trois exercices portant sur ton programme d'histoire, géographie et EMC.

A L'exercice 1 : analyser et comprendre des documents

- L'exercice porte sur un document, parfois deux, se rapportant soit au programme d'**histoire**, soit au programme de **géographie**.
- Les questions appellent des réponses de longueur inégale. En général, tu dois identifier le document, en dégager le sens général, prélever des informations et les exploiter. Le cas échéant, l'une des questions t'invite à porter un regard critique sur le document.
- L'objectif de l'exercice est de vérifier que tu sais analyser et **interpréter un document** en t'appuyant sur tes connaissances en histoire ou en géographie.

B L'exercice 2 : maîtriser différents langages pour raisonner

- Cet exercice comprend une ou deux questions se rapportant soit au programme d'**histoire** (si la géographie a été traitée dans l'exercice précédent), soit à celui de **géographie** (si l'histoire a été traitée précédemment).
- La première question appelle une réponse rédigée sous la forme d'un **développement construit**, dont la longueur est précisée dans la consigne.
- Éventuellement, une seconde question met en jeu un autre langage, à travers un support graphique.

> REMARQUE **Selon la discipline, il pourra s'agir de compléter une carte, un schéma ou une frise chronologique.**

C L'exercice d'enseignement moral et civique

- L'exercice se rapporte à un thème du programme d'enseignement moral et civique. Il comprend un corpus documentaire associé à deux ou trois questions.
- L'objectif est de vérifier ta connaissance des valeurs, principes, notions et acteurs nécessaires à la vie commune au sein d'une société démocratique.
- Les premières questions appellent des réponses brèves. La dernière question fait référence à une **situation pratique**, dans laquelle tu dois te projeter pour rédiger ta réponse. Celle-ci doit être développée ; sa longueur est précisée dans l'énoncé.

4 Comment réussir les exercices d'histoire, géographie et EMC ?

Selon les exercices, les attentes diffèrent : ce ne sont pas les mêmes compétences qui sont évaluées.

A L'analyse de document

- Tu es d'abord interrogé sur la nature du document : tu dois ainsi, selon l'exercice, identifier l'auteur ou la date, le type de document, présenter le contexte.
- Les questions suivantes t'amènent à **relever des informations** dans le document, à expliquer un point précis. Parfois il t'est demandé de porter un regard critique sur les limites du document.
- L'une des questions te conduit à **mettre en relation différents aspects** du document pour construire une réponse plus approfondie. Dans ce cas, ta connaissance du cours est essentielle.

> CONSEIL **Dans une analyse de document, comme dans un développement construit, utilise les mots-clés du chapitre concerné.**

B Le développement construit et la tâche graphique

- Rédiger un développement construit nécessite une bonne **connaissance du sujet** et une certaine **aisance rédactionnelle**. Les deux viennent avec l'entraînement.
- Le jour du brevet, commence par définir les termes principaux du sujet. Puis rédige ton développement en **organisant ton propos en deux ou trois** paragraphes.
- Les **tâches graphiques**, en histoire (frise chronologique) comme en géographie (carte ou schéma), doivent faire l'objet d'un apprentissage régulier au cours l'année. Tu dois être à l'aise avec les repères temporels et spatiaux du programme et savoir les présenter sous une forme visuelle claire.

C L'exercice d'enseignement moral et civique

- L'exercice d'EMC comporte **un ou deux documents** sur un thème : tu dois les étudier en répondant à quelques **questions**.
- La dernière question consiste en une mise en situation. Par exemple, tu dois expliquer à un correspondant étranger en quoi la France est une démocratie. Tu dois donc rédiger ta réponse en intégrant d'une part des éléments de connaissances, vus en cours, d'autre part des éléments rédactionnels qui montreront que tu as bien pris en compte la situation.

42 sujets expliqués

... et corrigés

SUJET

1

Sujet zéro

Sujet complet

Brevet blanc n° 1 : français, histoire, géographie et EMC

1re partie • Analyse et interprétation de textes et documents, maîtrise des différents langages

1re période (2 heures)

1. ANALYSER UN DOCUMENT • HISTOIRE — **20 POINTS**

DOCUMENT **Programme du Conseil national de la Résistance, 15 mars 1944**

Le texte a été diffusé au printemps 1944 dans la clandestinité, par les journaux des mouvements de la Résistance.

Née de la volonté ardente des Français de refuser la défaite, la Résistance n'a pas d'autre raison d'être que la lutte quotidienne sans cesse intensifiée.

Cette mission de combat ne doit pas prendre fin à la Libération. [...]

Aussi les représentants des organisations de Résistance, des centrales syndicales et des partis ou tendances politiques groupés au sein du CNR délibérant en assemblée plénière le 15 mars 1944, ont-ils décidé de s'unir sur le programme suivant, qui comporte à la fois un plan d'action immédiate contre l'oppresseur et les mesures destinées à instaurer, dès la libération du territoire, un ordre social plus juste.

I. Plan d'action immédiate

Les représentants des organisations de Résistance des centrales syndicales et des partis ou tendances politiques groupés au sein du CNR [...] <u>proclament leur volonté de délivrer la patrie en collaborant étroitement aux opérations militaires que l'armée française et les armées alliées entreprendront sur le continent, mais aussi de hâter cette libération</u>, d'abréger les souffrances de notre peuple, de sauver l'avenir de la France en intensifiant sans cesse et par tous les moyens la lutte contre l'envahisseur et ses agents, commencée dès 1940. [...]

II. Mesures à appliquer dès la libération du territoire

[...]

4) Afin d'assurer :

– l'établissement de la démocratie la plus large en rendant la parole au peuple français par le rétablissement du suffrage universel ;

– la pleine liberté de pensée, de conscience et d'expression ;

– la liberté de la presse, son honneur et son indépendance à l'égard de l'État, des puissances d'argent et des influences étrangères ;

– la liberté d'association, de réunion et de manifestation [...] ;

– l'égalité absolue de tous les citoyens devant la loi ;

5) Afin de promouvoir les réformes indispensables : [...]

Sur le plan social :

– le droit au travail et le droit au repos, notamment par le rétablissement et l'amélioration du régime contractuel du travail ; [...]

– un plan complet de Sécurité sociale, visant à assurer à tous les citoyens des moyens d'existence, dans tous les cas où ils sont incapables de se les procurer par le travail ; [...]

– une retraite permettant aux vieux travailleurs de finir dignement leurs jours ; [...]

En avant donc, dans l'union de tous les Français rassemblés autour du CFLN[1] et de son président, le général de Gaulle ! En avant pour le combat, en avant pour la victoire, afin que vive la France !

1. Comité français de libération nationale, remplacé le 3 juin 1944 par le Gouvernement provisoire de la République française.

▶ **1.** Identifiez les auteurs du texte.

▶ **2.** Pourquoi le programme d'action du Comité national de la Résistance daté du 15 mars 1944 a-t-il été adopté dans la clandestinité ? Expliquez la phrase soulignée en quelques lignes en faisant appel à vos connaissances.

▶ **3.** Comment expliquer que le général de Gaulle soit mentionné dans le dernier paragraphe ?

▶ **4.** Relevez et classez les réformes prévues par le CNR dans le tableau suivant.

Les projets de réformes du CNR après la libération du territoire	
Sur le plan des droits et des libertés	Sur le plan social

▶ **5.** À partir de deux exemples précis, relevés dans le texte, montrez que le programme du CNR a été appliqué à partir de 1944.

2. MAÎTRISER DIFFÉRENTS LANGAGES • GÉOGRAPHIE 20 POINTS

▶ **1.** Sous la forme d'un développement construit d'une vingtaine de lignes et en vous appuyant sur un ou des exemples d'aires urbaines étudiés en classe, décrivez les espaces et les dynamiques des villes françaises.

▶ **2.** Localisez et nommez sur le fond de carte ci-dessous Paris et quatre aires urbaines de votre choix.

Les principales aires urbaines de la France métropolitaine

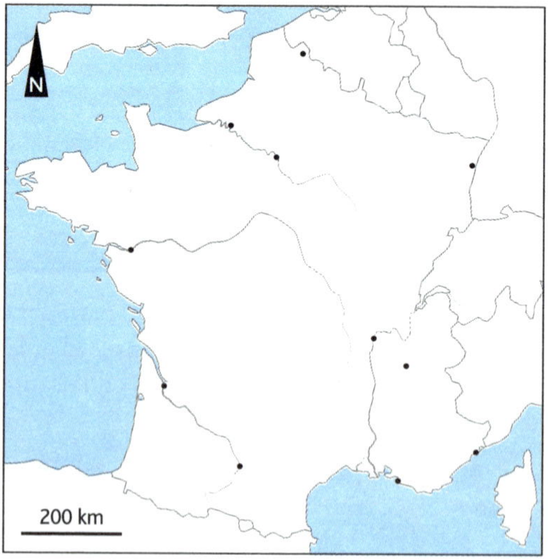

3. ENSEIGNEMENT MORAL ET CIVIQUE — 10 POINTS

DOCUMENT 1 **Affiche 2015 de la commune de Floirac (Gironde)**

« Boulevard des potes » : association de lutte contre les discriminations et d'éducation populaire.

Source : www.ville-floirac33.fr

DOCUMENT 2 **Extraits de la Charte de laïcité à l'école (2013)**

Article 3 – La laïcité garantit la liberté de conscience à tous. Chacun est libre de croire ou de ne pas croire [...].

Article 4 – La laïcité permet l'exercice de la citoyenneté, en conciliant la liberté de chacun avec l'égalité et la fraternité de tous dans le souci de l'intérêt général. [...]

Article 8 – La laïcité permet l'exercice de la liberté d'expression des élèves dans la limite du bon fonctionnement de l'École comme du respect des valeurs républicaines et du pluralisme des convictions.

Article 9 – La laïcité implique le rejet de toutes les violences et de toutes les discriminations, garantit l'égalité entre les filles et les garçons et repose sur une culture du respect et de la compréhension de l'autre. [...]

Article 13 – Nul ne peut se prévaloir de son appartenance religieuse pour refuser de se conformer aux règles applicables dans l'École de la République.

▶ **1.** Citez trois valeurs et deux symboles de la République française présents dans les documents.

▶ **2.** Expliquez les phrases soulignées dans le document 2 pour montrer que la laïcité garantit les libertés à l'école.

▶ **3.** Vous êtes chargé de présenter la laïcité à l'école à un correspondant étranger en visite dans votre établissement, en vous aidant des documents et de vos connaissances. En quelques lignes, comment lui expliquez-vous que la laïcité favorise le « vivre ensemble » à l'école ?

2e période (1 heure)

4. QUESTIONS • FRANÇAIS 20 POINTS

DOCUMENT A **Texte littéraire**

John Johnson, dit le Boa, a été élu maire de Coca, ville imaginaire des États-Unis. Il a de grands projets pour sa ville. Quelques semaines après son élection, il fait un séjour à Dubaï. C'est son premier voyage hors du continent américain.

Ce qu'il voit entre l'aéroport et la ville provoque chez lui une sensation ambivalente d'euphorie[1] et d'écrasement.

Les grues d'abord lui éberluent[2] la tête : agglutinées par centaines, elles surpeuplent le ciel, leurs bras comme des sabres laser plus fluorescents que ceux des guerriers du Jedi, leur halo blafard auréolant la ville chantier d'une coupole de nuit blanche. Le Boa se tord le cou à les compter toutes, et l'homme en *dishdash*[3] blanche qui le coudoie sur la banquette, le voyant faire, lui signale qu'un tiers des grues existant à la surface du globe est réquisitionné en ces lieux : une sur trois répète-t-il, une sur trois est ici, chez nous. Sa toute petite bouche soulignée d'un trait de moustache articule très doucement nous construisons la cité du futur, une entreprise pharaonique. Le Boa ne dit plus rien. Il salive, émerveillé. La prolifération des tours le sidère, si nombreuses qu'on les croit multipliées par un œil malade, si hautes qu'on se frotte les paupières, craignant d'halluciner, leurs fenêtres blanches comme des milliers de petits parallélogrammes aveuglants, comme des milliers de pastilles de Vichy effervescentes dans la nuit délavée ; ici on travaille vingt-quatre heures sur vingt-quatre, les ouvriers sont logés à l'extérieur de la ville, les rotations se font par navette – l'homme susurre chaque information, escortant l'étonnement de Boa avec délicatesse. Plus loin, il pointe d'un index cireux un édifice en construction, déjà haut d'une centaine d'étages, et précise : celle-ci sera haute de sept cents mètres. Le Boa hoche la tête, s'enquiert soudain des hauteurs de l'Empire State Building de New York, ou du Hancok Center de Chicago, questionne sur les tours de Shanghai, de Cape Town, de Moscou, il est euphorique et médusé[4]. À Dubaï donc, le ciel est solide, massif : de la terre à bâtir. Le trajet est long dans la longue voiture, la mer tarde à venir, le Boa l'attend plate, inaffectée, lourde nappe noire comme le pétrole dont le pourtour s'effacerait dans la nuit, et il sursaute à la découvrir construite elle aussi, rendue solide, croûteuse, et apte à faire socle pour un archipel artificiel qui reproduirait un planisphère – la Grande-Bretagne y est à vendre trois millions de dollars – ou un complexe d'habitations de luxe en forme de palmier : elle aussi, donc, de la terre à bâtir.

Le Boa arrive à l'hôtel bouleversé, les joues rouges et les yeux exorbités, il peine à s'endormir, la nuit est trop claire, comme filtrée par une gaze[5] chaude, lui-même trop excité – le Burj Al-Arab est l'hôtel le plus haut du monde, une immense voile de verre et de Teflon gonflée face au golfe Persique qui est absolument noir à cette heure, et clos comme un coffre [...]. Au réveil, le Boa est convaincu d'avoir trouvé l'inspiration qui manquait à son mandat. C'est un espace maîtrisé qui s'offre à ses yeux, un espace, pense-t-il, où la maîtrise se combine à l'audace, et là est la marque de la puissance.

Maylis de Kerangal, *Naissance d'un pont*, 2010, © Éditions Gallimard.

1. Euphorie : sensation intense de bien-être, de joie, d'optimisme.
2. Éberluer : étonner vivement, stupéfier.
3. *Dishdash* : longue robe blanche, vêtement traditionnel.
4. Médusé : qui manifeste un grand étonnement, de la stupeur.
5. Gaze : tissu léger, utilisé en couture ou pour faire des compresses et des pansements.

DOCUMENT B **Travailleurs sur un site de construction à Dubaï**

ph © STR New/Reuters

Les réponses aux questions doivent être entièrement rédigées.

Sur le texte littéraire (document A)

▶ **1.** Quelles sont les caractéristiques principales de la ville décrite dans le texte ? *(2 points)*

▶ **2.** Étudiez précisément la progression des émotions et sensations ressenties par le personnage principal au fil de l'extrait. *(3 points)*

▶ **3.** À quel temps les verbes sont-ils majoritairement conjugués dans le texte ? Comment comprenez-vous ce choix de l'auteure ? *(2 points)*

▶ **4.** « Sa toute petite bouche soulignée d'un trait de moustache articule très doucement nous construisons la cité du futur, une entreprise pharaonique » (l. 11-13) : comment, dans cette phrase, les propos tenus par le personnage sont-ils rapportés ? Est-ce une manière de faire habituelle ? À votre avis, pourquoi l'auteure procède-t-elle ainsi ? *(2,5 points)*

▶ **5.** « une entreprise <u>pharaonique</u>. » *(1,5 point)*

a) Comment le mot souligné est-il construit ?

b) Que signifie-t-il généralement ?

c) Le contexte lui donne-t-il une valeur particulière ?

▶ **6.** « […] un espace, pense-t-il, où la maîtrise se combine à l'audace, et là est la marque de la puissance. » (l. 43-44)

a) Expliquez le sens de cette phrase en vous aidant de ce qui la précède. *(2 points)*

b) À votre avis, l'auteure partage-t-elle ici la pensée du personnage ? *(1 point)*

▶ **7.** Proposez un titre pour ce texte, puis expliquez vos intentions et ce qui justifie votre proposition. *(2 points)*

Sur le texte et l'image (documents A et B)

▶ **8.** Quels sont les éléments qui rapprochent l'image et le texte ? *(2 points)*

▶ **9.** Quelles impressions suscite en vous cette photographie ? Sont-elles comparables à celles produites par le texte ? Pourquoi ? *(2 points)*

2e partie • Français, rédaction et maîtrise de la langue (2 heures)

5. DICTÉE 5 POINTS

Le titre et la source de l'extrait sont écrits au tableau au début de la dictée.

Au-delà

Les Parisiens n'ont jamais de leur ville le plaisir qu'en prennent les provinciaux. D'abord, pour eux, Paris se limite à la taille de leurs habitudes et de leurs curiosités. Un Parisien réduit sa ville à quelques quartiers, il ignore tout ce qui est au-delà qui cesse d'être Paris pour lui. Puis il n'y a pas ce sentiment presque continu de se perdre qui est un grand charme. Cette sécurité de ne connaître personne, de ne pouvoir être rencontré par hasard. Il lui arrive d'avoir cette sensation bizarre au contraire dans de toutes petites villes où il est de passage, et le seul à ne pas connaître tous les autres.

Louis Aragon, *Aurélien*, 1944, © Éditions Gallimard.

6. RÉÉCRITURE 5 POINTS

« Le Boa arrive à l'hôtel bouleversé, les joues rouges et les yeux exorbités, il peine à s'endormir, la nuit est trop claire, comme filtrée par une gaze chaude, lui-même trop excité [...]» (l. 36-38).

Réécrivez cette phrase en remplaçant « Le Boa » par « Ils » et en procédant à toutes les transformations nécessaires.

7. TRAVAIL D'ÉCRITURE 20 POINTS

Vous traiterez au choix le sujet A ou B. Votre rédaction sera d'une longueur minimale d'une soixantaine de lignes (300 mots environ).

Sujet A

Selon vous, la vie au sein d'une ville moderne est-elle source de bonheur et d'épanouissement ?

Vous répondrez à cette question dans un développement argumenté en vous appuyant sur votre expérience, sur vos lectures, votre culture personnelle et les connaissances acquises dans l'ensemble des disciplines.

Sujet B

Vous êtes architecte et vous proposez au pays imaginaire d'Utopia la fondation d'une ville idéale. Écrivez la lettre que vous adressez aux dirigeants d'Utopia pour expliquer votre vision de la ville, justifier vos choix et les inviter à retenir votre projet.

LES CLÉS DU SUJET

■ Analyser un document • Histoire

Comprendre le document

Ce document est un programme qui fixe à la fois l'action immédiate et la reconstruction politique et sociale qui devra suivre la fin de la guerre. Il a été adopté à l'unanimité par les membres du CNR le 15 mars 1944. Tu dois donc mobiliser tes connaissances sur deux thèmes du programme : la France défaite et occupée durant la Seconde Guerre mondiale, et la refondation républicaine entre 1944 et 1947.

Répondre aux questions

▶ **1.** Rappelle ce qu'est le CNR et dans quel but il a été mis en place.

▶ **2.** Repère la date précise (jour, mois) du document. Quelle est la situation à ce moment-là en France ? Quels événements sont encore à venir ?

▶ **5.** La réponse n'est pas dans le texte, elle fait appel à tes connaissances sur les grandes réformes adoptées en France dans l'immédiat après-guerre. Tes réponses à la question 4 devraient te mettre sur la piste.

■ Maîtriser les différents langages • Géographie

▶ **1.** Le développement construit est centré sur les aires urbaines. On te demande d'abord de décrire les espaces urbains. Tu profiteras de cette première partie pour présenter la composition d'une aire urbaine et définir correctement les différents termes clés (pôle urbain, couronne périurbaine). Tu consacreras ta seconde partie à la description des dynamiques urbaines, c'est-à-dire les évolutions des villes à différentes échelles. Ici, tu peux te contenter d'une dynamique à l'échelle urbaine (l'étalement) et à l'échelle nationale (la métropolisation).

■ Enseignement moral et civique

Comprendre les documents

• Le document 1 est une affiche invitant les citoyens à participer à un débat organisé par une association luttant contre les discriminations.

• Adoptée en 2013, la Charte de la laïcité (document 2) doit être affichée dans tous les établissements scolaires et figurer dans les carnets de correspondance des élèves. Elle explique ce qu'est la laïcité et la manière dont elle doit être appliquée à l'école.

Répondre aux questions

▶ **3.** Tu dois montrer ce que la laïcité apporte aux élèves (plus de libertés et plus d'égalité) en donnant des exemples concrets que tu peux puiser dans tes connaissances personnelles.

Questions • Français

Le texte littéraire (document A)

• Le roman *Naissance d'un pont* raconte le chantier de la construction d'un pont dans la ville imaginaire de Coca, aux États-Unis. Dans l'extrait présenté, le maire de Coca est impressionné par ce qu'il découvre dans la ville de Dubaï, aux Émirats arabes unis : les chantiers et les projets décrits semblent repousser les limites de la réalité, mais sont pourtant bien réels.

L'image (document B)

• La photographie, prise en légère plongée, montre des ouvriers travaillant à la construction des fondations d'une tour comme celles qu'on voit en arrière-plan. On fait ainsi facilement la différence entre les ouvriers, qui creusent la terre, et les tours, qui touchent le ciel.

Travail d'écriture (sujet A)

Recherche d'idées

Ton point de vue doit être nuancé. Tu peux d'abord souligner l'attrait de la ville moderne : elle offre des possibilités d'emploi variées ; les plaisirs et les distractions y sont plus nombreux. Comme arguments opposés, tu peux signaler que les grandes villes accroissent parfois le sentiment d'isolement, et que les nuisances y sont nombreuses.

Conseils de rédaction

Pense à utiliser des connecteurs logiques pour organiser ta réflexion : *tout d'abord, ensuite, par exemple, toutefois, c'est pourquoi, cependant...* Dans le développement, tu mentionneras en dernier les arguments qui te semblent les plus convaincants.

Travail d'écriture (sujet B)

Recherche d'idées

Fais la liste de ce qui te semble négatif dans les villes que tu connais : l'absence d'espaces verts, le bruit incessant, les embouteillages, le sentiment d'anonymat, etc. Ensuite, cherche des solutions pour que ces problèmes disparaissent : privilégier les transports en commun, préférer les maisons individuelles aux immeubles collectifs, créer un cadre de vie convivial, etc.

Conseils de rédaction

Tu dois écrire une lettre officielle, avec tous les impératifs que cela comporte : en-tête, objet, formule de politesse, etc. N'hésite pas à inventer des détails sur l'expéditeur que tu incarnes : *je suis un excellent architecte, j'ai dessiné les plans de l'écoquartier de..., je pense à ce projet depuis longtemps...* Enfin, n'oublie pas que ta description est au service d'une argumentation : tu dois convaincre les destinataires.

CORRIGÉ 1

1re partie • Analyse et interprétation de textes et documents, maîtrise des différents langages

1re période

1. ANALYSER UN DOCUMENT • HISTOIRE

▶ **1.** Ce texte est extrait du programme du Conseil national de la Résistance (CNR). Mis en place grâce à l'action de Jean Moulin en mai 1943, le CNR réunit, sous l'autorité du général de Gaulle, les représentants des huit grands mouvements de la Résistance intérieure française, toutes tendances politiques confondues, ainsi que les leaders des deux grands syndicats d'avant-guerre (CGT et CFTC) et des six partis politiques de la IIIe République.

Gagne des points
N'hésite pas à citer quelques noms de mouvements de résistance, si tu en connais : Libération Nord, Franc-tireur, Défense de la France…

▶ **2.** À la date de parution du programme du CNR, le 15 mars 1944, la guerre n'est pas terminée et la France vit toujours sous occupation allemande. Les résistants agissent dans la clandestinité. Leur but premier est de libérer le territoire en appuyant la résistance extérieure, dont les instances ont quitté Londres pour Alger, et les Alliés qui progressent sur tous les fronts, dans l'attente d'un débarquement.

▶ **3.** La constitution du CNR avait pour but d'unir la Résistance française derrière le général de Gaulle, installé à Londres depuis le 17 juin 1940 et reconnu par les autorités britanniques.

Info +
La constitution du CNR a été lente et difficile, car de nombreux résistants ne souhaitaient pas s'engager derrière de Gaulle. Pourtant, c'est leur union qui a permis la rédaction d'un programme ambitieux de reconstruction politique et sociale.

▶ **4.**

Les projets de réformes du CNR après la libération du territoire	
Sur le plan des droits et des libertés	**Sur le plan social**
• Rétablissement du suffrage universel • Liberté de pensée, de conscience et d'expression	• Droit au travail et au repos • Établissement d'une Sécurité sociale
• Liberté de la presse • Liberté de réunion, d'association et de manifestation • Égalité devant la loi	• Retraite

▶ **5.** Une fois le territoire libéré et la légitimité républicaine rétablie, des élections municipales sont organisées les 26 avril et 13 mai 1945. Pour la première fois, les Françaises y participent. Ainsi, conformément au programme du CNR, le suffrage universel a été non seulement rétabli, mais aussi élargi aux femmes.

Une ordonnance du 4 octobre 1945 institue la Sécurité sociale. Dans l'esprit des rédacteurs du programme du CNR, elle vise à « assurer à tous les citoyens des moyens d'existence, dans tous les cas où ils sont incapables de se les procurer par le travail ».

2. MAÎTRISER DIFFÉRENTS LANGAGES • GÉOGRAPHIE

▶ **1.** Les villes françaises – en fait les aires urbaines – rassemblent aujourd'hui 85 % de la population totale. Une aire urbaine est constituée d'un pôle urbain et de sa couronne périurbaine, lesquels s'opposent à l'espace rural environnant. Le pôle urbain peut être divisé en deux espaces de morphologies différentes : la ville-centre, à l'habitat très dense, et les banlieues, moins denses et composées soit d'habitats collectifs, soit d'habitats individuels. Ce pôle urbain rassemble au moins 5 000 emplois. Autour de lui, la couronne périurbaine, qui peut être très étendue, compte des communes qui ne sont pas contiguës, mais dont au moins 40 % des actifs vont travailler dans l'aire urbaine.

> **Conseil**
> Tu peux illustrer ta réponse à l'aide d'un schéma simple, sur lequel tu porteras le nom de l'aire urbaine étudiée en classe.

Schéma d'une aire urbaine

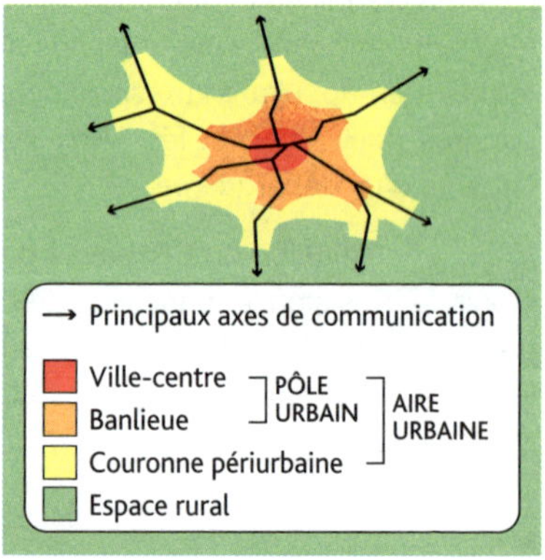

C'est la première dynamique manifeste des villes françaises : l'étalement des aires urbaines, qui entraîne une explosion des mobilités, notamment des migrations pendulaires domicile-travail. Une deuxième dynamique, à l'échelle nationale cette fois, est la métropolisation : plus une aire urbaine est élevée dans la hiérarchie urbaine nationale, plus elle tend à se renforcer, à concentrer les hommes et les activités. Paris, ville mondiale, profite le plus de cette dynamique, suivie par les autres grandes métropoles de rang national, voire européen : Lille, Lyon, Marseille, Toulouse notamment. À l'inverse, les villes petites et moyennes, surtout dans les régions les moins dynamiques, connaissent davantage de difficultés.

▶ **2.**

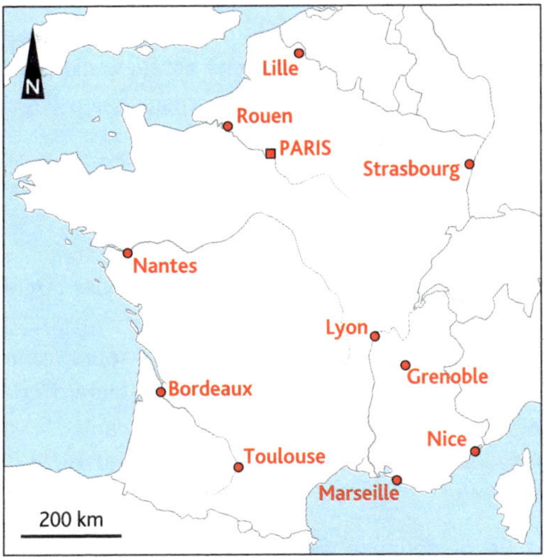

Sur la carte ci-dessus, toutes les aires urbaines repérées ont été nommées. Mais, le jour de l'examen, contente-toi de faire ce qui est demandé pour ne pas perdre de temps.

3. ENSEIGNEMENT MORAL ET CIVIQUE

▶ **1.** Les principales valeurs républicaines figurant dans les documents sont la liberté, l'égalité, la fraternité et la laïcité. Les symboles visibles sont la devise, Marianne et les couleurs du drapeau national.

▶ **2.** D'une part, « la laïcité garantit la liberté de conscience » : en effet, selon le principe de laïcité, chacun est libre de croire (ou de ne pas croire) en ce qu'il veut sans subir les pressions d'autres personnes qui chercheraient à imposer leurs croyances. D'autre part, « la laïcité permet l'exercice de la liberté d'expression des élèves », puisqu'il ne leur est pas interdit de parler des religions et des croyances, à partir du moment où les échanges se font dans le respect des convictions de chacun.

▶ **3.** Des élèves de religions différentes, athées ou sans religion, se côtoient dans les écoles où la laïcité leur permet de travailler sereinement et de mieux « vivre ensemble ». C'est une valeur qui garantit leurs libertés de conscience et d'expression et assure l'égalité entre eux : quelle que soit leur religion, les élèves sont tous traités de la même façon et aucune discrimination liée

Conseil
Commence par rédiger une phrase introductive reprenant les termes du sujet, ici l'expression « vivre ensemble ».

aux convictions religieuses n'est tolérée. Les croyances doivent donc rester personnelles ; il est par exemple interdit de porter des signes religieux trop visibles dans les écoles françaises. La laïcité est donc bien une valeur essentielle au bon fonctionnement des établissements scolaires.

2e période

4. QUESTIONS • FRANÇAIS

▶ **1.** Il s'agit avant tout d'une ville en chantier, ce dont témoigne le champ lexical de la construction. Cette ville se caractérise également par le gigantisme (les centaines de grues, la prolifération des tours, un édifice haut de sept cents mètres), la lumière permanente (« le halo blafard » des grues, « une coupole de nuit blanche », les fenêtres sont « aveuglantes », « la nuit est trop claire »), et l'absence de limites, puisqu'elle s'étend dans le ciel comme sur la mer.

▶ **2.** Au début, le personnage est partagé entre une joie intense et une impression d'accablement (« une sensation ambivalente d'euphorie et d'écrasement »). On retrouve cette ambiguïté dans la suite du texte : la joie (« il salive », « émerveillé », « euphorique ») alterne avec la plus grande stupéfaction (« éberluent », « se tord le cou », « le sidère », « l'étonnement », « médusé »). Ce choc amène une révélation pour le personnage, convaincu d'avoir trouvé l'inspiration.

▶ **3.** Les verbes sont majoritairement conjugués au présent de l'indicatif. Il s'agit de rendre plus vivantes, plus proches du lecteur les actions racontées dans le récit. On parle alors de présent de narration.

▶ **4.** Les propos tenus dans cette phrase semblent rapportés au discours direct : le pronom employé (« nous ») le prouve. Mais, contrairement à l'usage, la ponctuation attendue n'est pas respectée : les deux-points et les guillemets sont omis. La limite entre narration et dialogue s'estompe. Le narrateur procède ainsi pour souligner la grande douceur avec laquelle les paroles sont prononcées, qui n'interrompent ni les pensées du personnage ni le fil de la lecture.

▶ **5. a)** Le mot est construit par dérivation : le radical *pharaon* est suivi du suffixe *–ique*.

b) « Pharaonique » est un adjectif qui signifie « gigantesque, démesuré ».

c) Par l'emploi de cet adjectif, l'auteur rapproche les constructions de la ville de Dubaï des pyramides monumentales construites par les pharaons.

Info +
La pyramide de Khéops fut ainsi pendant des millénaires le bâtiment le plus haut et le plus massif jamais construit, suscitant, comme les tours de Dubaï chez le Boa, l'étonnement et l'admiration.

▶ **6. a)** Le Boa est fasciné par ce qu'il vient de découvrir de la ville de Dubaï. C'est un lieu où la maîtrise (le savoir-faire technique) est accompagnée d'audace, c'est-à-dire d'idées nouvelles et courageuses. En effet, les limites traditionnelles à l'expansion de la ville disparaissent : le ciel et la mer sont devenus constructibles.

b) Il s'agit ici d'une pensée rapportée, comme le souligne l'incise « pense-t-il ». Cette précision semble indiquer que le narrateur ne partage pas les réflexions de son personnage.

▶ **7.** L'extrait pourrait s'intituler : « Une ville au-delà des limites ». Ce titre insiste sur la démesure de la ville visitée par le personnage, où des ouvriers travaillent sans relâche à l'édification de tours toujours plus hautes, où l'on bâtit dans le ciel et sur la mer.

Conseil
Beaucoup de réponses sont possibles, pour peu qu'elles soulignent un aspect important du texte : le gigantisme architectural, l'étonnement du personnage... Seule contrainte : le titre doit prendre la forme d'un groupe nominal.

▶ **8.** De nombreux éléments sont communs au texte et à l'image, qui s'attachent tous deux à montrer le quotidien de la ville de Dubaï : les gratte-ciels, les grues, la ville en chantier, les ouvriers travaillant à une nouvelle construction...

▶ **9.** La photographie ne transmet pas une impression de joie : les ouvriers sont dans un trou, surveillés par un contremaître. Les machines et les constructions occupent les deux tiers supérieurs de l'image. Les hommes sont au service d'un projet qui les dépasse, mais ils ne manifestent aucun entrain. Dans le texte, au contraire, le lecteur peut comprendre l'étonnement médusé du personnage. Les impressions sont différentes : le texte offre une vision d'ensemble du projet, quand l'image montre une réalité moins grandiose, celle du quotidien des travailleurs.

2e partie • Français, rédaction et maîtrise de la langue

5. DICTÉE

POINT MÉTHODE

1 Accorde bien les déterminants : *quelques quartiers*, *cette sécurité*, etc.

2 Dans la première phrase, le sujet du verbe *prendre* est inversé. Repère-le pour choisir la bonne terminaison.

3 Attention aux homophones ! Veille à distinguer *ce* (déterminant démonstratif, suivi d'un nom), *ce* (pronom démonstratif, que l'on peut remplacer par *cela*) et *se* (pronom réfléchi, qui n'est jamais le sujet d'un verbe). En outre, tu ne dois pas confondre *qu'en* (*que* + *en*) avec *quand* (qui signifie *lorsque*).

Les Parisiens n'ont jamais de leur ville le plaisir qu'en prennent les provinciaux. D'abord, pour eux, Paris se limite à la taille de leurs habitudes et de leurs curiosités. Un Parisien réduit sa ville à quelques quartiers, il ignore tout ce qui est au-delà qui cesse d'être Paris pour lui. Puis il n'y a pas ce sentiment presque continu de se perdre qui est un grand charme. Cette sécurité de ne connaître personne, de ne pouvoir être rencontré par hasard. Il lui arrive d'avoir cette sensation bizarre au contraire dans de toutes petites villes où il est de passage, et le seul à ne pas connaître tous les autres.

6. RÉÉCRITURE

Les termes modifiés sont en couleur.

« Ils arrivent à l'hôtel bouleversés, les joues rouges et les yeux exorbités, ils peinent à s'endormir, la nuit est trop claire, comme filtrée par une gaze chaude, eux-mêmes trop excités. »

7. TRAVAIL D'ÉCRITURE

Voici un exemple de rédaction sur chacun des deux sujets.
Attention les indications entre crochets ne doivent pas figurer sur ta copie.

Sujet A

[Introduction] Tout au long du XXe siècle, les campagnes ont été de plus en plus délaissées au profit des grandes villes : vivre en ville permettait d'améliorer sa situation économique et d'éviter la misère. Mais le bonheur et l'épanouissement individuel sont-ils aujourd'hui possibles dans ces cités modernes, où réside désormais la majorité de la population ?

[La ville moderne offre des avantages et des commodités...] Vivre dans une ville moderne peut procurer certains avantages : il est plus facile d'y trouver un emploi par exemple. La ville moderne offre aussi des facilités qui rendent le quotidien plus agréable : les distractions sont nombreuses, les transports bien développés, les commerces ouverts tous les jours. Et il est certain que l'épanouissement personnel passe aussi par ces commodités.

[... mais elle n'est pas pour autant source de bonheur] Cependant la vie au sein d'une grande ville présente aussi des inconvénients : les logements sont plus chers et plus petits ; on peut vite se sentir isolé dans un lieu où l'on ne connaît personne ; le bruit et la pollution sont inévitables. Ainsi, de ma chambre en ville, j'entends en permanence les bruits des travaux, du métro et des voitures, même la nuit.

Conseil
Démarre ta seconde partie par un connecteur logique d'opposition, pour montrer que tu vas maintenant mentionner les arguments « contre ».

[Conclusion] Si la vie au sein de la ville moderne présente des avantages certains, ces avantages ne sont pas forcément source d'épanouissement. Les progrès technologiques rendent de plus en plus ces avantages accessibles partout, même dans des campagnes isolées. Pour ma part, je considère donc que les inconvénients présentés par la vie dans une grande ville sont très nombreux et peuvent dans bien des cas être des obstacles au bonheur.

Sujet B

Frédéric Pirès
14, rue du Stand
75009 Paris

À l'attention des dirigeants d'Utopia

Paris, le 15 septembre 2016

Objet : projet pour la fondation d'une ville idéale

Madame, Monsieur,

[Introduction] Cela fait longtemps que j'admire le pays d'Utopia. Architecte de formation, je suis particulièrement sensible au défi que pose aujourd'hui l'édification d'une ville moderne. C'est pourquoi je voudrais vous soumettre mon projet pour la fondation d'une ville idéale, que votre pays pourrait accueillir.

Remarque
Le premier paragraphe rappelle la situation d'énonciation : qui est l'émetteur, à qui il s'adresse et dans quel but.

[Avantages du projet] La cité idéale doit essayer de préserver le contact de l'homme avec la nature, en réduisant au maximum les nuisances visuelles et les nuisances sonores liées au trafic permanent. J'ai donc songé à un projet fabuleux pour l'immense vallée qui se trouve au sud d'Utopia. Chaque habitant pourra disposer d'une maison individuelle et d'un jardin. Les équipements de loisirs, parcs, gymnases, plans d'eau, y seront nombreux, afin de favoriser les contacts entre les gens. Pour que le confort de vie soit total, les activités professionnelles seront interdites dans cette zone. C'est seulement dans le centre-ville que le travail sera autorisé, où de hauts édifices seront construits, de manière à concentrer toutes les activités. Il sera interdit aux habitants de se rendre à leur travail en voiture. Ils devront utiliser les transports en commun. Afin de ne pas défigurer l'espace, ces transports seront uniquement souterrains. La surface de la terre sera donc libérée de la pollution que produisent les véhicules motorisés.

[Conclusion] Si vous retenez mon projet, les habitants de cette ville pourront à juste titre se sentir les citoyens les plus privilégiés d'Utopia.

Dans l'attente de votre réponse, je vous prie d'agréer, Madame, Monsieur, mes sincères salutations.

Frédéric Pirès

SUJET 2

Sujet inédit
Sujet complet

Brevet blanc n° 2 : français, histoire, géographie et EMC

1re partie • Analyse et interprétation de textes et documents, maîtrise des différents langages

1re période (2 heures)

1. ANALYSER DES DOCUMENTS • GÉOGRAPHIE **20 POINTS**

DOCUMENT 1 **Croquis de localisation de Disneyland Paris**

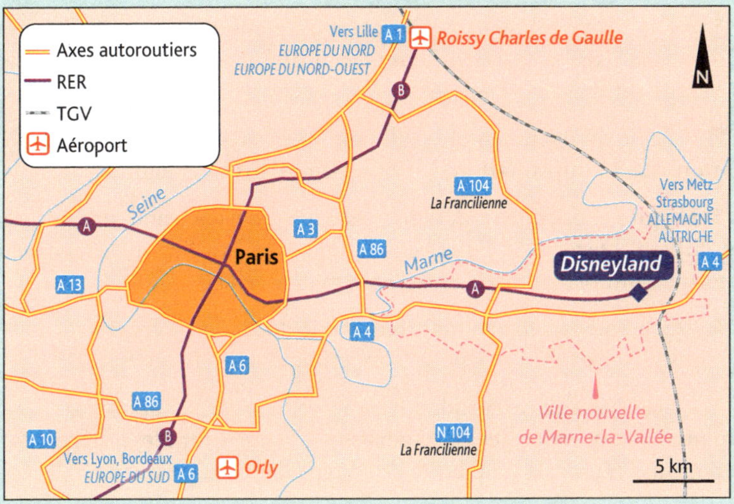

DOCUMENT 2 **Marne-la-Vallée : implantation de Disneyland Paris**

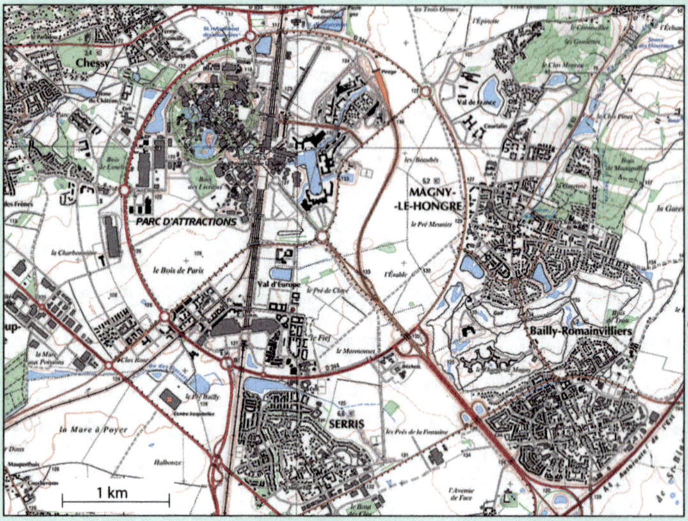

Extraits issus du SCAN 25® – © IGN – 2016 – Autorisation n° 80-1631

▶ **1.** À l'aide du document 1, relevez les différentes façons de se rendre à Disneyland Paris pour un visiteur venant de Paris, venant d'Allemagne et venant du Brésil.

▶ **2.** À l'aide du document 1, expliquez les critères de localisation qui ont présidé à l'implantation de Disneyland Paris à cet endroit.

▶ **3.** D'après le document 2, dans quel type d'espace (rural, urbain, périurbain) Disneyland Paris s'est-il implanté ? Justifiez votre réponse. Pourquoi l'implantation n'est-elle pas plus proche de Paris ?

▶ **4.** Quels aménagements montrent sur le document 2 les efforts d'infrastructures entrepris pour le fonctionnement de cet espace ?

▶ **5.** Quel type d'espace productif est ici représenté ? D'après vos réponses aux questions et vos connaissances, quels sont les critères déterminants pour la rentabilité de ce type d'espace productif ?

2. MAÎTRISER DIFFÉRENTS LANGAGES • HISTOIRE 20 POINTS

▶ **1.** Sous la forme d'un développement construit d'une vingtaine de lignes, décrivez et expliquez quel fut le rôle de l'arrière durant la Première Guerre mondiale.

▶ **2.** Sur la frise chronologique ci-dessous, délimitez les trois grandes phases de la Première Guerre mondiale, et indiquez pour chacune le type d'affrontement qui la caractérise : guerre de mouvement ou guerre de position. Puis, placez l'une des batailles emblématiques du conflit.

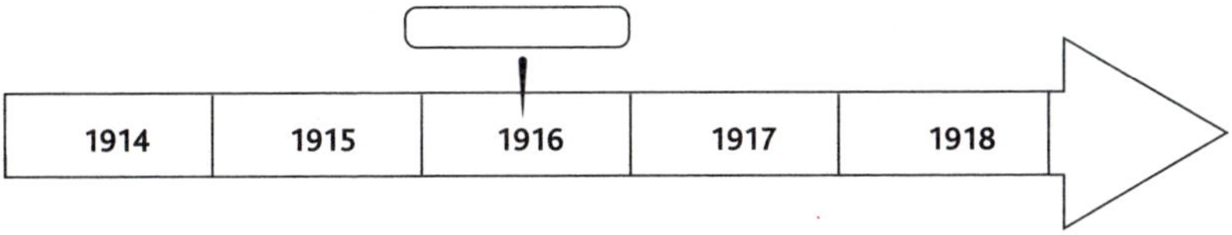

3. ENSEIGNEMENT MORAL ET CIVIQUE — 10 POINTS

DOCUMENT 1 **Résultats électoraux des élections législatives de 2012**

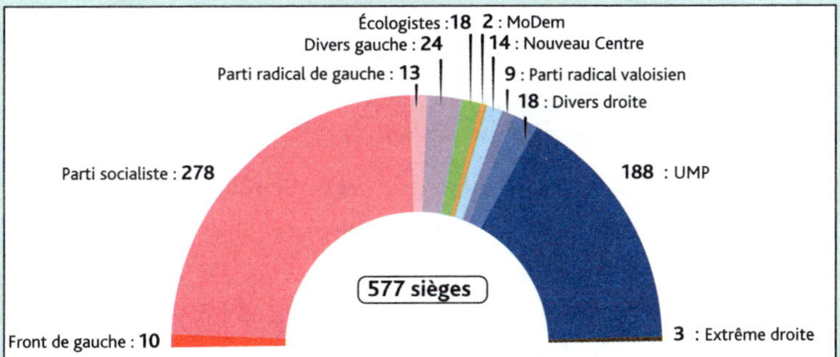

INSCRITS	ABSTENTIONS	VOTANTS	BLANCS ET NULS	EXPRIMÉS
42 233 684	19 281 202 (44,60 %)	23 952 482 (55,40 %)	923 194 (3, 85 %)	23 029 288 (96,15 %)

Source : *Le Monde.*

DOCUMENT 2 **Extraits de la Constitution de la Ve République**

Art. 1er. La France est une République indivisible, laïque, démocratique et sociale. Elle assure l'égalité devant la loi de tous les citoyens sans distinction d'origine, de race ou de religion. Elle respecte toutes les croyances. [...]

Art. 3. La souveraineté nationale appartient au peuple qui l'exerce par ses représentants et par la voie du référendum. Aucune section du peuple ni aucun individu ne peut s'en attribuer l'exercice. [...]

Art. 4. Les partis et groupements politiques concourent à l'expression du suffrage. Ils se forment et exercent leur activité librement. […] La loi garantit les expressions pluralistes des opinions et la participation équitable des partis et groupements politiques à la vie démocratique de la Nation. […]

Art. 20. Le Gouvernement détermine et conduit la politique de la nation. […]

Art. 24. Le Parlement vote la loi. Il contrôle l'action du Gouvernement. Il évalue les politiques publiques. Il comprend l'Assemblée nationale et le Sénat. […]

Art. 34. La loi fixe les règles concernant :

– les droits civiques et les garanties fondamentales accordées aux citoyens pour l'exercice des libertés publiques ; la liberté, le pluralisme et l'indépendance des médias ; […]

– la détermination des crimes et délits ainsi que les peines qui leur sont applicables.

▶ **1.** Citez les différents acteurs évoqués dans ces documents, qui permettent à la démocratie de fonctionner.

▶ **2.** Expliquez à l'aide des documents quel est le rôle des citoyens. Pourquoi est-il important qu'ils participent aux élections ?

▶ **3.** Vous participez à un voyage scolaire à l'étranger. La famille dans laquelle vous êtes logé aimerait en savoir plus sur la France. À l'aide des documents et de vos connaissances, rédigez quelques lignes pour lui expliquer que la France est une démocratie.

2e période (1 heure)

4. QUESTIONS • FRANÇAIS — 20 POINTS

DOCUMENT A Texte littéraire

Pendant la Première Guerre mondiale, Morlac, un soldat français, et ses camarades, fraternisent avec des soldats ennemis : ils décident ensemble de se révolter pour faire cesser la guerre. Mais au signal de rassemblement convenu, Guillaume, le chien de Morlac, saute à la gorge d'un ennemi venu faire la paix. Les soldats croient à un piège et recommencent à s'affronter.

Morlac, blessé cette nuit-là, a reçu la Légion d'honneur. Après la fin de la guerre, il se retrouve en prison pour avoir manqué de respect aux autorités lors d'une cérémonie de commémoration. Le juge Lantier vient l'interroger.

« Voilà comment je suis devenu un héros. »

Morlac, pour ponctuer cette conclusion, avait mordu méchamment dans sa pomme.

« À cause d'un chien, en somme », avança le juge.

Le prisonnier acquiesça en mâchouillant.

« C'est pour ça que vous en voulez à Guillaume ?

– Je ne lui en veux plus, dit-il en crachant un pépin. D'accord en me réveillant à l'hôpital, c'était autre chose : quand je me suis rendu compte de ce qui s'était passé, j'ai eu envie de le tuer. Dès que j'ai pu me lever, je l'ai vu en bas, dans la cour, qui m'attendait. Et pendant des nuits entières, jusqu'à ma convalescence[1], j'ai imaginé comment je m'en débarrasserais. »

Morlac lança le trognon sur la table.

« Mais je ne pouvais pas faire ça. D'abord, j'étais cloué au lit. Et surtout, j'étais un héros, vous comprenez ? Des officiers m'avaient apporté ma citation signée par Sarrail en personne. [...] Tout le monde me parlait de mon chien. Les gens savaient qu'il avait été au front avec moi. Les infirmières le nourrissaient dans la cour et me donnaient de ses nouvelles. Personne n'aurait compris que je l'abatte d'un coup de revolver. Et pourtant, c'est à ça que je pensais jour et nuit. [...]

– Mais ce chien, vous ne pouvez pas lui en vouloir...

– C'est ce que j'ai fini par me dire. Il m'a fallu presque six mois. [...] »

Il se leva et marcha jusqu'au fond de la cellule. Puis, se retournant brutalement :

« C'était lui, le héros. C'est ça que j'ai pensé, voyez-vous. Pas seulement parce qu'il m'avait suivi au front et qu'il avait été blessé. Non, c'était plus profond, plus radical. Il avait toutes les qualités qu'on attendait d'un soldat. Il était loyal jusqu'à la mort, courageux, sans pitié avec les ennemis. Pour lui, le monde était fait de bons et de méchants. Il y avait un mot pour dire ça : il n'avait aucune humanité. Bien sûr, c'était un chien... Mais nous qui n'étions pas des chiens, on nous demandait la même chose. Les distinctions, médailles, citations, avancements, tout cela était fait pour récompenser des actes de bêtes. »

Il était maintenant debout face à Lantier, mais il regardait plus loin, plus haut, ce qui, dans cette étroite cellule, revenait à fixer le mur.

« Au contraire, la seule manifestation d'humanité, celle qui aurait consisté à faire fraterniser des ennemis, à décider la grève de la guerre, à forcer les gouvernements à la paix, cet acte-là était le plus condamnable de tous et nous aurait valu la mort, si nous avions été découverts. »

Il attendit un instant, se calma et alla se rasseoir.

« Quand j'ai compris ça, j'ai cessé de détester Guillaume. Je n'avais aucune raison de l'aimer non plus. Il avait obéi à sa nature et sa nature n'était pas humaine. C'était la seule excuse qu'il avait. Tandis que ceux qui nous envoyaient au massacre n'en avaient aucune. »

Jean-Christophe Rufin, *Le Collier rouge*, 2014, © Éditions Gallimard.

1. Convalescence : rétablissement.

DOCUMENT B Une attaque française

Extrait du film *Un long dimanche de fiançailles* (2004), de Jean-Pierre Jeunet. www.dailymotion.com/video/x939ag_un-long-dimanche-de-fiançailles-at_shortfilms (durée : 3'07)

Les réponses doivent être entièrement rédigées.

Sur le texte littéraire (document A)

▶ **1.** Qui sont les deux interlocuteurs et quel est le sujet de leur conversation ? *(3 points)*

▶ **2. a)** Comment sont rapportées les paroles des personnages ?
b) Pourquoi, à votre avis ? *(2 points)*

▶ **3.** Quels sont les qualités d'un bon soldat selon Morlac ?
Qui les possède ? Est-ce habituel ? *(3 points)*

▶ **4.** Quelle est l'opinion de Morlac sur la guerre ?
Avez-vous l'impression que le juge la partage ? *(2 points)*

▶ **5.** « […] j'ai imaginé comment je m'en **débarrasserais** » (lignes 11-12).
a) Quel est le temps employé pour le verbe en gras ? *(1 point)*
❑ futur
❑ conditionnel présent
❑ imparfait
b) Justifiez son emploi. *(1 point)*

▶ **6.** Comment comprenez-vous l'expression « la grève de la guerre » (lignes 41-42) ? *(2 points)*

▶ **7.** Dans l'ensemble du texte, pouvez-vous nommer les sentiments successifs éprouvés par Morlac ? Appuyez-vous sur les gestes et les déplacements du personnage pour justifier votre interprétation. *(2 points)*

Sur le texte et l'image (documents A et B)

▶ **8.** Selon vous, quels sont les éléments qui rapprochent le document audiovisuel et le texte ? *(2 points)*

▶ **9.** Quelles impressions suscite en vous ce film ? Le texte a-t-il produit en vous les mêmes impressions ? Pourquoi ? *(2 points)*

2e partie • Français, rédaction et maîtrise de la langue (2 heures)

5. DICTÉE 5 POINTS

Le titre, la source de l'extrait et le nom « Lantier » sont écrits au tableau au début de la dictée.

Une décision difficile

Le prisonnier était épuisé par cette confession. Assis au bord de sa couche, il gardait les bras ballants et les yeux vagues. Son juge n'était pas plus alerte. Il éprouvait le besoin de sortir de cette pièce sans air, de marcher, de mettre de l'ordre dans ses idées. Depuis quatre jours qu'il enquêtait sur cette affaire, il était temps qu'il aboutisse à une conclusion ferme. Après tout, il ne fallait pas accorder à ce personnage et à son geste plus d'importance qu'ils n'en avaient.

Lantier était connu pour son aptitude à trancher, même dans les dossiers les plus délicats. Cette fois cependant, il n'y parvenait pas.

Jean-Christophe Rufin, *Le Collier rouge*, 2014, © Éditions Gallimard.

6. RÉÉCRITURE 5 POINTS

« C'était lui, le héros. C'est ça que j'ai pensé, voyez-vous. Pas seulement parce qu'il m'avait suivi au front et qu'il avait été blessé. Non, c'était plus profond, plus radical. Il avait toutes les qualités qu'on attendait d'un soldat. »

Réécrivez ce passage en remplaçant « lui » par « eux ». Vous ferez toutes les modifications nécessaires.

7. TRAVAIL D'ÉCRITURE 20 POINTS

Vous traiterez au choix le sujet A ou le sujet B. Votre rédaction sera d'une longueur minimale d'une soixantaine de lignes (300 mots environ).

Sujet A

Le juge Lantier a été touché par les paroles de Morlac. Imaginez la lettre que le juge, le soir même, va écrire à sa femme pour lui raconter son entrevue avec le prisonnier. Vous rendrez compte des faits et des réflexions personnelles du juge.

Sujet B

Vous avez dû, un jour, prendre une décision difficile. Racontez les circonstances qui rendaient ce choix malaisé, et expliquez les raisons pour lesquelles vous avez finalement choisi l'une des voies qui s'offraient à vous. Vous penserez à mentionner vos sentiments.

LES CLÉS DU SUJET

Analyser des documents • Géographie

Comprendre les documents

Les deux documents présentent le même phénomène à deux échelles différentes. Le document 1, à plus petite échelle, situe Disneyland Paris dans son environnement régional ; le document 2, à plus grande échelle, permet de voir le détail du phénomène. Fais attention à bien repérer, sur le document 1, où se situe ce qui est représenté sur le document 2.

Répondre aux questions

▶ **2.** et **3.** Quels sont les atouts de l'espace où se localise Disneyland Paris ? Pourquoi ce parc d'attractions s'est-il installé là plutôt qu'ailleurs ?

▶ **5.** Que te faudrait-il pour aller passer un week-end à Disneyland Paris ? Du temps libre, de l'argent, un moyen de transport ?

Maîtriser différents langages • Histoire

▶ **1.** Définis le terme « arrière » et les bornes chronologiques du sujet. Tu peux d'abord expliquer le rôle des populations, puis celui des autres ressources mobilisées. Efforce-toi de prendre en compte tout ce que recouvre le terme « arrière » : civils, gouvernements, presse, etc. Précise par qui et pourquoi il est mobilisé, et montre pourquoi c'est la première fois qu'il joue un rôle important.

Enseignement moral et civique

▶ **1.** et **2.** Les députés de l'Assemblée nationale sont élus au suffrage universel direct au cours des élections législatives organisées en France tous les cinq ans. Ils sont affiliés à des partis politiques. La Constitution de la Ve République fixe l'organisation et le fonctionnement de l'État français.

▶ **3.** Tu dois montrer que les grands principes de la démocratie sont respectés en France. Certains sont mentionnés dans les documents (souveraineté du peuple, Constitution…). N'oublie pas les autres : séparation des pouvoirs, liberté de la presse, etc.

Questions • Français

Le texte littéraire (document A)

Le roman de J.-C. Rufin raconte le difficile retour à la vie civile des soldats de la guerre de 1914-1918. Morlac, considéré par erreur comme un héros, ne se remet pas de ses années de guerre. Dans ce passage clé, il explique son dégoût pour les honneurs militaires et les valeurs guerrières.

L'image (document B)

L'extrait du film *Un long dimanche de fiançailles* montre une scène de bataille, racontée par un soldat ayant eu la chance d'en réchapper. La mise en scène insiste sur la violence de l'affrontement entre les deux camps : les obus explosent, les soldats ont peur, la confusion règne. Survivre semble être une simple affaire de chance.

■ Travail d'écriture (sujet A)

Recherche d'idées

Tu dois raconter cette scène en changeant de point de vue : c'est le juge qui joue maintenant le rôle du narrateur dans une lettre à sa femme. On peut imaginer que le juge est en proie à un conflit intérieur : d'abord froid et impartial, il se prend peu à peu de sympathie pour le prisonnier.

Conseils de rédaction

Ne recopie pas telles quelles des phrases du texte : résume les paroles et rajoute les commentaires du juge sur ce qu'il a vu et ce qu'il a entendu. N'oublie pas qu'il s'agit d'une lettre privée, intime : donne des détails personnels pour créer l'illusion d'un véritable échange entre époux. Pense à mêler récit et réflexions personnelles : au fur et à mesure de la lettre, ces réflexions seront plus présentes.

■ Travail d'écriture (sujet B)

Recherche d'idées

Tu dois écrire un texte à la première personne, sans qu'il s'agisse forcément de raconter une expérience réellement vécue. Imagine simplement un épisode qui corresponde à ta situation : une décision d'orientation difficile ou un conflit de loyauté avec tes camarades, par exemple. Exprime d'abord ton malaise face à ce choix difficile, puis ton angoisse devant les conséquences de ta décision. Tu peux aussi mentionner un mélange d'espoir et de crainte.

Conseils de rédaction

Fais appel au vocabulaire des émotions et des sentiments : tu peux recourir au champ lexical de la peur, de la tristesse, mais aussi à celui de l'espoir. Emploie à la fois des noms (*malaise, détresse, optimisme*…), des adjectifs (*angoissé, accablé, confiant*…), des expressions (*je ressentais un profond malaise*, *l'angoisse m'étreignait*…). Ton texte sera écrit au passé, mais tu peux, dans une dernière phrase au présent, dire quel jugement tu portes aujourd'hui sur ces événements.

CORRIGÉ 2

1re partie • Analyse et interprétation de textes et documents, maîtrise des différents langages

1re période

1. ANALYSER DES DOCUMENTS • GÉOGRAPHIE

▶ **1.** Un visiteur venant de Paris utilisera la ligne de RER ou l'autoroute A4 ; un visiteur venant d'Allemagne profitera de l'interconnexion TGV ou de l'autoroute de l'Est ; un visiteur venant du Brésil arrivera à Paris par les aéroports internationaux de Roissy et d'Orly. Autrement dit, en fonction de la distance, chaque visiteur privilégiera un mode de transport différent.

▶ **2.** Disneyland Paris s'est installé à Marne-la-Vallée pour profiter de la présence d'une ville mondiale, à forte accessibilité, et donc d'un marché de clients potentiels à haut niveau de vie. La région parisienne compte 12 millions d'habitants. En outre, le parc profite de l'image mondiale de Paris qui figure chaque année parmi les trois villes les plus visitées au monde.

▶ **3.** L'espacement du bâti et la présence d'espaces verts montrent que Disneyland s'est implanté dans la grande couronne périurbaine de Paris. Une implantation plus proche de Paris n'aurait pas offert de telles réserves foncières à faible coût. On voit en effet sur la carte des espaces en blanc, c'est-à-dire encore disponibles pour d'éventuelles futures extensions.

▶ **4.** Les infrastructures de transport sont déterminantes dans le fonctionnement de cet espace : on voit que l'autoroute de l'Est est connectée au sud *via* un échangeur spécialement construit, dont le péage se trouve à l'intérieur du parc d'attraction, ce qui est également le cas de la gare TGV de Chessy-Marne-la-Vallée. Un parking géant, au nord, permet le stockage des véhicules à proximité immédiate des attractions.

> **Gagne des points**
> Tu dois exploiter le document : repère sur la carte les infrastructures dont tu parles.

▶ **5.** L'espace productif ici représenté est un espace productif touristique. Les deux critères déterminants pour le fonctionnement et la rentabilité de cet espace touristique sont la présence d'un marché de consommateurs à haut niveau de vie et l'accessibilité multimodale à haute performance du lieu (autoroute, LGV, RER, aéroports).

Rappel
L'adjectif « multimodal » renvoie aux différents modes de transport utilisés, chacun étant privilégié à une échelle donnée, par exemple l'aérien pour l'international (voir question 1).

2. MAÎTRISER DIFFÉRENTS LANGAGES • HISTOIRE

▶ **1.** Le terme « arrière » désigne, durant la Première Guerre mondiale, les espaces et populations qui ne sont pas en contact direct avec le front. Durant les quatre années (1914-1918) d'un conflit que tous les états-majors avaient annoncé court, mais qui s'éternise, les gouvernements des pays belligérants doivent, pour la première fois, mobiliser les civiles, d'une part, les ressources économiques, financières et politiques, d'autre part, pour soutenir le front.

Les civils jouent un rôle fondamental, non seulement pour nourrir et armer le front, mais aussi pour soutenir le moral des soldats. Les femmes et les travailleurs coloniaux remplacent dans les usines reconverties en industries d'armement les hommes partis au front. Les munitionnettes deviennent ainsi l'un des symboles de la mobilisation de l'arrière.

Les ressources agricoles sont réquisitionnées pour être acheminées sur le front, tandis que des emprunts sont lancés pour financer l'effort de guerre. Afin d'affermir le patriotisme de l'arrière, qui aide aussi les soldats à « tenir », les gouvernements utilisent le bourrage de crâne et la propagande qui diabolise l'ennemi.

Ainsi, l'arrière apparaît comme un élément essentiel de la guerre totale.

Conseil
Termine ton développement par une phrase de conclusion.

▶ **2.**

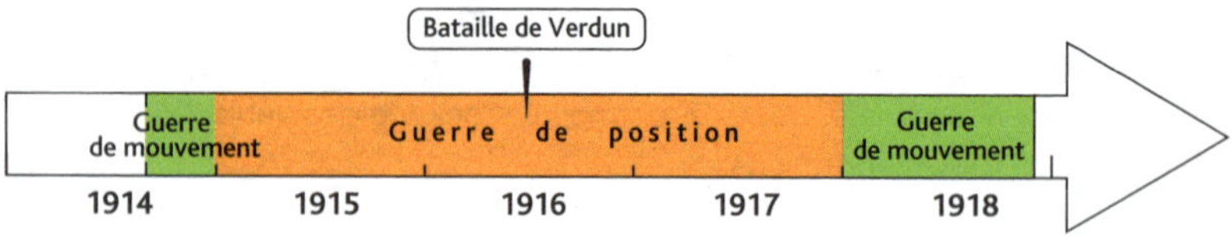

3. ENSEIGNEMENT MORAL ET CIVIQUE

▶ **1.** Les acteurs de la démocratie évoqués ici sont les électeurs, les partis politiques, le gouvernement et le Parlement (Assemblée nationale).

▶ **2.** Les citoyens jouent un rôle fondamental en élisant des représentants chargés de prendre les grandes décisions (gouverner le pays, décider de la loi). Leur participation est nécessaire au bon fonctionnement de la démocratie (des taux d'abstention trop élevés aux élections nuisent à la légitimité des élus) et permet aussi aux citoyens de se sentir impliqués dans la vie civique.

▶ **3.** La France est une démocratie, car les citoyens détiennent la souveraineté qu'ils expriment au moment des élections. Le pays est doté d'une Constitution qui organise la séparation des pouvoirs (exécutif, législatif et judiciaire). Elle garantit aussi l'existence des partis politiques et l'indépendance des médias pour permettre à toutes les opinions de s'exprimer. Les citoyens sont tous traités de la même façon et toutes les formes de discrimination sont interdites. Ils possèdent des droits (comme le droit de vote) et des devoirs (comme celui de payer leurs impôts).

Gagne des points
Tu peux aussi préciser ici que la France est une démocratie représentative, mais qu'il existe des mécanismes relevant de la démocratie directe (ex. : le référendum évoqué dans l'article 3 de la Constitution).

2e période

4. QUESTIONS • FRANÇAIS

▶ **1.** Un juge nommé Lantier interroge un prisonnier, Morlac, dans sa cellule. Morlac évoque son chien, le désir qu'il a eu de l'abattre, puis donne son opinion sur la guerre.

▶ **2. a)** Les paroles des personnages sont rapportées au discours direct. Les propos sont présentés tels qu'ils ont été prononcés.

b) Le discours direct provoque un effet de réel : le lecteur a l'impression d'assister directement à la conversation.

▶ **3.** Pour être un bon soldat, il est nécessaire d'être « loyal jusqu'à la mort, courageux, sans pitié avec les ennemis ». Or, selon Morlac, c'est Guillaume, son chien, qui possède toutes ces qualités, ce qui est bien sûr inhabituel. Un retournement est opéré : ces « qualités » n'existent que chez les bêtes ; en temps de guerre, pourtant, on attend la même chose des hommes.

4. L'opinion de Morlac sur la guerre est très négative. Il déclare qu'être un bon soldat, c'est se comporter comme un animal. La guerre est donc vue comme une atrocité. Il est difficile de savoir si le juge partage son opinion. En tant que représentant de l'autorité militaire, il devrait condamner les propos de Morlac. Néanmoins, à aucun moment il ne contredit le prisonnier.

5. a) Le verbe est conjugué au conditionnel présent.

b) Ce temps est employé pour exprimer le futur du passé : pendant sa convalescence (moment passé), Morlac a imaginé ce qu'il ferait au chien (moment futur).

6. L'expression désigne le refus de combattre de la part des soldats dans les deux camps. Si les soldats refusent de s'affronter, leurs gouvernements devraient renoncer à la guerre. Les allitérations en *g* et *r* donnent de la force à l'expression.

> **Rappel**
> On appelle « allitération » la répétition d'un son dû à la présence de la même consonne.

7. Au début, Morlac semble en colère, ce dont ses actes témoignent : il mord « méchamment » sa pomme, puis lance le trognon. La colère s'amplifie lorsqu'il expose précisément ses pensées (« C'était lui, le héros ») : il se déplace et se retourne « brutalement ». Cette agressivité se change en concentration quand il développe ses réflexions : il arrête de se déplacer, regarde un point fixe. La résignation l'emporte enfin lorsqu'il retourne s'asseoir.

8. Le texte et le film font référence à la Première Guerre mondiale. Les deux documents insistent sur la violence des combats. Dans le film, les hommes se terrent dans les tranchées, terrifiés par les bruits d'obus, et tentent comme ils peuvent de se cacher ou de se protéger. La règle à laquelle ils obéissent relève de l'instinct : comme le dit le capitaine, il s'agit de tuer ou d'être tué. L'attaque montre alors des soldats massacrés comme des animaux à l'abattoir, idée reprise dans le texte de Rufin.

9. Dans cette scène de film, c'est l'horreur qui domine, car les images sont fortes et cruelles : le bruit est assourdissant et les cadavres se multiplient. Le travelling dans les tranchées montre la multitude des hommes impliqués dans l'attaque. Le texte ne produit pas une impression d'horreur aussi immédiate. Mais on peut néanmoins ressentir, comme Morlac, un certain désespoir, puisque les hommes sont amenés à se conduire comme des bêtes.

> **Info +**
> On appelle « travelling » le déplacement de la caméra de cinéma placée sur un chariot glissant sur des rails. Dans l'extrait, la caméra recule pour montrer à quel point les hommes sont entassés dans des tranchées interminables.

2e partie • Français, rédaction et maîtrise de la langue

5. DICTÉE

POINT DE MÉTHODE

❶ Attention aux formes verbales terminées par le son [e] ou [ɛ]. Choisis la terminaison *–er* pour un verbe à l'infinitif (que l'on peut remplacer, en cas d'hésitation, par l'infinitif d'un verbe du 3e groupe comme *prendre*) ; la terminaison *-ait* ou *-aient* s'il s'agit d'un verbe à l'imparfait (que l'on peut conjuguer à une autre personne pour le reconnaître : *Il éprouvait* → *nous éprouvions*) ; la terminaison –é s'il s'agit d'un participe passé (que l'on peut remplacer par celui d'un verbe du 3e groupe comme vu).

❷ Repère la forme difficile *qu'ils n'en avaient* : le pronom *ils* est au pluriel, car il reprend *ce personnage* et *son geste* ; la négation *ne* se place avant le pronom *en* ; il n'y a pas de négation entre *en* et *avaient* (la prononciation s'explique par la simple liaison).

Le prisonnier était épuisé par cette confession. Assis au bord de sa couche, il gardait les bras ballants et les yeux vagues. Son juge n'était pas plus alerte. Il éprouvait le besoin de sortir de cette pièce sans air, de marcher, de mettre de l'ordre dans ses idées. Depuis quatre jours qu'il enquêtait sur cette affaire, il était temps qu'il aboutisse à une conclusion ferme. Après tout, il ne fallait pas accorder à ce personnage et à son geste plus d'importance qu'ils n'en avaient.

Lantier était connu pour son aptitude à trancher, même dans les dossiers les plus délicats. Cette fois cependant, il n'y parvenait pas.

6. RÉÉCRITURE

Les termes modifiés sont en couleur.

« C'était eux, les héros. C'est ça que j'ai pensé, voyez-vous. Pas seulement parce qu'ils m'avaient suivi au front et qu'ils avaient été blessés. Non, c'était plus profond, plus radical. Ils avaient toutes les qualités qu'on attendait d'un soldat. »

7. TRAVAIL D'ÉCRITURE

Voici un exemple de rédaction sur chacun des deux sujets.
Attention les indications entre crochets ne doivent pas figurer sur ta copie.

Sujet A

Beauval, le 20 août 1919

Ma chère Marie,

[Mise en contexte] Je me réjouis de savoir que je serai bientôt de retour près de toi. Je dois conclure l'affaire qui m'a amené ici dans deux jours au plus tard.

[Récit des faits] C'est un drôle de cas que celui qui m'occupe actuellement. Sans trahir le secret de l'instruction, laisse-moi te raconter ce dont il s'agit. Je me suis rendu à la prison pour interroger un certain Morlac, ancien combattant décoré de la Légion d'honneur. Je pensais rencontrer un héros. J'ai découvert un homme farouchement opposé à la guerre. Il m'a expliqué qu'il avait essayé de fraterniser avec l'ennemi, mais que par la faute de son chien sa tentative avait tourné au massacre. Morlac a pardonné son chien d'avoir fait échouer ses efforts de paix, car on ne peut pas en vouloir à une bête d'agir selon sa nature. Mais il n'a pas pardonné au gouvernement de nous avoir obligés à nous comporter, nous, des humains, en bêtes, pendant cette terrible guerre.

[Réflexions personnelles] Au début je ne voulais qu'une chose : le faire parler et terminer mon interrogatoire au plus vite. Mais ce parallèle entre les hommes et les animaux m'a profondément troublé. Petit à petit j'ai compris sa position, et je te l'avoue, j'ai même partagé son amertume. Pendant qu'il parlait et déambulait dans sa cellule, j'ai moi aussi ressenti cette désillusion profonde, au souvenir de tous mes camarades tombés dans les tranchées. Mais je suis juge, j'incarne la loi, je représente l'autorité militaire. Pourtant, aujourd'hui, comment pourrais-je juger, et encore moins condamner, un homme en qui je reconnais un frère ? Je n'ai jamais reculé devant une décision difficile, tu le sais bien, mais j'ai besoin de te confier ces pensées qui me tourmentent tant.

> **Conseil**
> Pense à utiliser des connecteurs temporels pour montrer les réflexions successives qu'inspirent au juge les propos de Morlac.

Ton époux bien-aimé,

Louis

Sujet B

[Présentation de la situation] Il y a quelques mois, j'ai dû prendre une décision difficile concernant mon orientation. Deux solutions étaient possibles : faire une seconde générale dans mon lycée de secteur, ou intégrer le conservatoire de musique et faire un double cursus scolaire et artistique. C'était mon professeur de batterie qui m'avait parlé de cette possibilité. Ça faisait longtemps que j'en jouais, et j'aimais vraiment cela.

[Exposition du dilemme] J'étais très indécis, car des deux côtés il y avait des avantages et des inconvénients. Plus j'y réfléchissais, plus l'angoisse montait. Je connaissais déjà le lycée d'à côté et je savais que j'y retrouverais mes meilleurs amis. Seulement je tournais déjà un peu en rond dans ma petite ville. Mais choisir le conservatoire, cela signifiait partir en internat, ne connaître personne là-bas… Peut-être aurais-je du mal à m'y faire des amis. Le cœur serré, je m'imaginais déambulant d'un air triste dans les couloirs, pendant qu'on chuchoterait sur mon passage : « Regarde, c'est le nouveau ! » Et puis bien sûr, si je choisissais l'internat, il faudrait travailler deux fois plus.

J'avais donc le choix entre une solution séduisante mais effrayante, et une solution rassurante mais ennuyeuse. Totalement paniqué, j'avais désormais du mal à trouver le sommeil.

[Solution choisie] Un matin, pourtant, tout m'a semblé beaucoup plus clair : ce choix dont je me faisais une montagne, n'était pas forcément définitif. Je pouvais intégrer le conservatoire l'année prochaine… et revenir à la maison l'année suivante si c'était trop dur. J'ai donc annoncé ma décision à mes parents : le conservatoire ! Je sais, même si je suis mort de peur, que j'ai fait le bon choix.

Note bien
Pour raconter cette expérience, tu dois utiliser principalement les temps du passé : en plus de l'imparfait, privilégie le passé composé plutôt que le passé simple.

SUJET
3

Sujet inédit

MAÎTRISER LES DIFFÉRENTS LANGAGES • 20 points

La Première Guerre mondiale : une guerre totale

▶ **1.** Sous la forme d'un développement construit d'une vingtaine de lignes, vous expliquerez pourquoi on dit que la Première Guerre mondiale est une « guerre totale ».

▶ **2.** Complétez la carte et la légende du document ci-dessous.

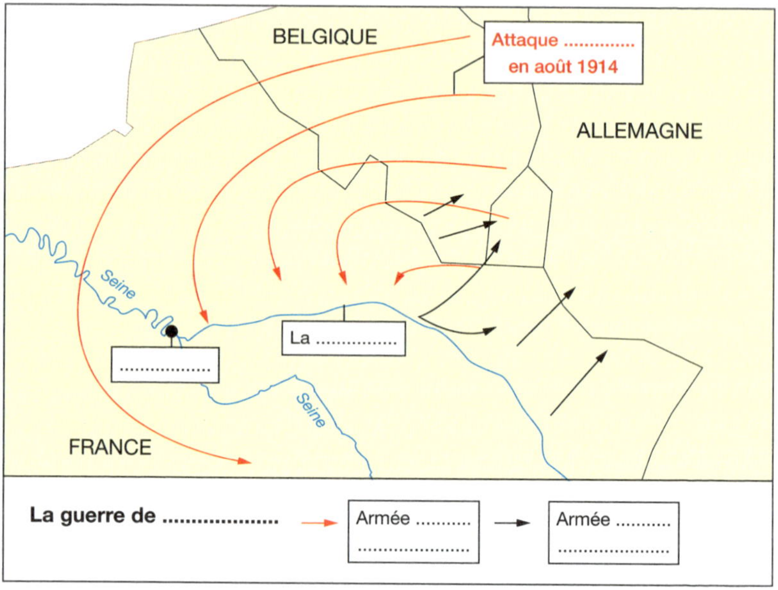

LES CLÉS DU SUJET

▶ **1.** Rappelle les dates de la guerre et pose la question imposée par la consigne.
Avant de te lancer dans la rédaction, recense et classe tous les domaines qui justifient la qualification de guerre totale. Distingue les domaines militaires de ceux qui concernent les civils. Fais un paragraphe par domaine.
Termine en citant la définition de « guerre totale » que tu as apprise en cours.

CORRIGÉ 3

▶ **1.** De 1914 à 1918, une guerre mondiale ravage une partie étendue de l'Europe. Les belligérants mobilisent toutes leurs forces pour emporter la victoire. La Première Guerre mondiale est totale dans la mesure où toute la nation (l'État, le territoire et le peuple) est mobilisée dans le cadre de l'Union sacrée.

> **Info +**
> On appelle « belligérants » les pays qui participent directement à la guerre, ceux de la Triple Entente (les Alliés) et ceux de la Triplice (les empires centraux).

Les armées enrôlent tous les jeunes hommes disponibles, les militaires de carrière comme les simples citoyens. Mais les plus âgés et les femmes sont également mis à contribution pour produire armes et munitions ou secourir les blessés et soutenir le moral des troupes. Une propagande de guerre qui s'adresse à tous est mise en place.

> **Info +**
> L'« Union sacrée » désigne le rassemblement de tous les partis et syndicats derrière leur gouvernement.

Toutes les activités sont sollicitées : l'industrie pour fournir aux troupes le matériel de combat, l'agriculture pour nourrir les soldats, et aussi les ressources financières (souscriptions), culturelles (information) et politiques. Les objectifs militaires ne se limitent pas aux cibles armées (troupes ennemies, forteresses, navires).

> **Info +**
> Une souscription est un appel à des dons d'argent pour financer une opération.

Dans le cadre de bombardements ou d'exactions aux dépens des populations des territoires occupés, les civils sont eux aussi visés. La distinction entre le front et l'arrière s'efface. L'État centralise la gestion du conflit, il soumet ses ressortissants à une intense propagande (« bourrage de crâne ») et, dans les pays où elles existent, les libertés démocratiques sont suspendues.

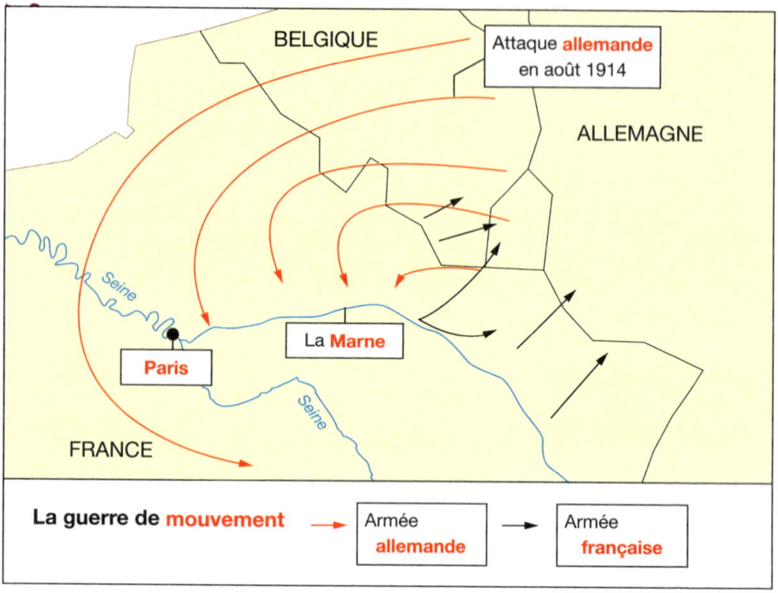
BELGIQUE
Attaque allemande en août 1914
ALLEMAGNE
Seine
Paris
La Marne
Seine
FRANCE
La guerre de mouvement
Armée allemande
Armée française

D'après France métropolitaine • Juin 2014

ANALYSER UN DOCUMENT • 20 points

Les « gueules cassées » de la Grande Guerre

DOCUMENT **Carte postale : Congrès de la paix, Versailles, 28 juin 1919**

Inscription sur la carte postale :
« Congrès de la Paix. Versailles, 28 juin 1919, Délégation des mutilés français. »

▶ **1.** À quelle occasion (date et lieu) cette photographie a-t-elle été prise ?

▶ **2.** À quelle guerre fait référence cette image ? Datez-la avec précision.

▶ **3.** Que représente cette carte postale ? Relevez des détails justifiant votre réponse, puis expliquez pourquoi ces hommes furent montrés au Congrès de la Paix.

▶ **4.** À l'aide de vos connaissances, montrez que ce document est représentatif de la violence de la guerre.

▶ **5.** Les soldats de la Grande Guerre espéraient que ce serait la dernière. Quelle guerre anéantit ce vœu et pourquoi la paix échoua-t-elle ?

LES CLÉS DU SUJET

■ Comprendre le document

Cette photographie se présente comme un témoignage de la violence de la guerre. Elle donne une image frappante du conflit qui fit 10 millions de morts et plus de 20 millions de blessés. Elle vise à émouvoir et à influencer les personnalités chargées d'établir le traité de paix, pour qu'il n'y ait jamais plus de guerre comme celle-ci.

■ Répondre aux questions

▶ **3.** Ces hommes sont appelés « les gueules cassées ». Pour justifier ta réponse, décris leurs visages. Que ressens-tu à la vue de ces blessures ?
▶ **4.** Ne décris pas la guerre, pars des blessures observées et cherche quelles armes ou méthodes de combat ont pu les provoquer.
▶ **5.** Comment les Allemands ont-ils nommé le traité de Versailles ? Pourquoi ? Pour quelle raison Hitler n'accepta-t-il pas la paix de 1919 ?

CORRIGÉ 4

▶ **1.** Cette photographie a été prise à l'occasion de la signature du traité de Versailles, le 28 juin 1919.

▶ **2.** L'image fait référence à la Grande Guerre (la Première Guerre mondiale) qui se déroula du 1er août 1914 au 11 novembre 1918.

▶ **3.** La carte postale représente des « gueules cassées », des soldats défigurés par leurs blessures de guerre. Le pansement sur la tête du soldat à gauche, le nez déformé de celui au centre ou la bouche de son voisin de droite témoignent de ces blessures. Ces hommes furent montrés au Congrès pour inciter les dirigeants des pays à établir un monde de paix.

▶ **4.** La Grande Guerre fut une guerre violente, brutale. Le document est représentatif de l'exposition des combattants – voire des civils – à la puissance de destruction des armes et aux dangers de la guerre.

> **Info +**
> Pour caractériser cette violence et l'habitude que les soldats en ont eue, les historiens parlent de « brutalisation » de la guerre.

Le document illustre aussi la brutalité des armes nouvelles utilisées pendant le conflit : obus, grenades et mines déchiquetaient, voire pulvérisaient les corps. Dans les tranchées ou dans les villes prises pour cibles par l'artillerie lourde, les hommes étaient soumis à des bombardements incessants qui détruisaient tout. Les lance-flammes provoquaient des brûlures mortelles. Les gaz asphyxiaient les hommes.

Lors des assauts, les combattants étaient exposés sans protection aux tirs automatiques des mitrailleuses. Les affrontements au corps à corps étaient impitoyables. Beaucoup d'hommes sortirent de la guerre traumatisés tant ils vécurent l'horreur.

Le document illustre aussi le caractère généralisé du carnage. Ces cinq hommes ne sont pas des cas particuliers, mais l'image des millions de blessés issus de la guerre. 500 000 d'entre eux furent recensés comme « gueules cassées ».

▶ **5.** La Seconde Guerre mondiale anéantit le vœu des « gueules cassées ». La paix échoua, parce que le traité de Versailles – nommé *diktat* par les Allemands – fut humiliant et injuste pour ces derniers.

Info +
Le traité déclarait les Allemands responsables de la guerre et les condamnait à payer de très lourdes réparations de guerre.

SUJET 5

D'après France métropolitaine • Juin 2015
ANALYSER UN DOCUMENT • 20 points

La chanson des loisirs

DOCUMENT **La Chanson des loisirs**
(Paroles et musique de Jean Villard-Gilles, 1936)

Ah ! Qu'elle était longue la semaine
Sans débrayer[1], sans repos, sans espoir.
Mais aujourd'hui, voici la vie meilleure
L'usine n'est plus la prison,
On peut rêver d'air pur et d'horizon
Et de bonheur dans la maison.
Hardi[2] ! les gars, voici les quarante heures
À nous l'espace au cours du bel été
Hardi ! les gars car la vie est meilleure
Au bon vent de la liberté !
Hardi ! les gars car la vie est meilleure
Au bon vent de la liberté !

Été 36, sur la route des vacances en images et en chansons,
Martin Pénet, Omnibus, 2006.

1. Sans débrayer : sans pause.
2. Hardi : Allons ! En avant !

▶ **1.** En quelle année et par qui cette chanson a-t-elle été composée ?

▶ **2.** Précisez quelle alliance politique remporte les élections législatives cette année-là en France. Qui devient président du Conseil ?

▶ **3.** Dans quel état d'esprit sont les ouvriers des usines à ce moment-là ? Justifiez votre réponse en citant trois expressions du texte.

▶ **4.** À l'aide de ce document et de vos connaissances, indiquez au moins trois mesures sociales prises par le gouvernement.

▶ **5.** La chanson est publiée dans un ouvrage intitulé *Été 1936, sur la route des vacances en images et en chansons.* Expliquez l'ambiance qui règne en France pendant les mois de juillet et août 1936. En quoi justifie-t-elle le titre choisi par Martin Pénet ?

LES CLÉS DU SUJET

Comprendre le document

Le document est une chanson composée par Jean Villard-Gilles, poète et musicien suisse. Parce qu'elle évoque la vie quotidienne des ouvriers, elle est le reflet d'une époque. Elle témoigne de ce que pensent les ouvriers, elle traduit le point de vue des classes populaires.

Répondre aux questions

▶ **1.** Ne confonds pas la date où la chanson a été composée et l'année où elle a été publiée par Martin Pénet.

▶ **2.** Quels sont les trois principaux partis de gauche dans les années 1930 ? Ne limite pas ta réponse aux sigles des partis : donne la signification des sigles et précise la tendance politique de ces partis.

▶ **3.** Appuie-toi sur les mots que l'auteur répète. Utilise aussi l'opposition entre les deux premiers vers et les suivants.

▶ **4.** Lis bien les paroles de la chanson, les réponses s'y trouvent. Cite les vers qui indiquent les mesures sociales. À quoi peut rêver l'ouvrier ? Qu'évoquent l'air pur et l'horizon du vers 5 ?

▶ **5.** À quoi correspondent pour toi les congés payés ? Dans quel état d'esprit es-tu quand arrivent les mois d'été ? Pourquoi ?

HISTOIRE

CORRIGÉ 5

▶ **1.** Cette chanson a été composée en 1936, l'année de la victoire du Front populaire.

▶ **2.** L'alliance politique qui remporte les élections législatives cette année-là en France est le Front populaire, alliance du parti radical, de la SFIO (Section française de l'Internationale ouvrière) et du PCF (Parti communiste français). Léon Blum devient président du Conseil.

Info +
La SFIO est le nom du parti socialiste. Elle est rebaptisée PS (Parti socialiste) en 1969.

▶ **3.** Les ouvriers des usines sont alors heureux, satisfaits d'avoir obtenu des réformes en leur faveur ; ils se sentent comme libérés. « La vie est meilleure » est-il dit à trois reprises. « L'usine n'est plus une prison ». « Le vent de la liberté » souffle sur elle. Désormais, les ouvriers ont de « l'espoir ».

▶ **4.** Le document permet de citer deux mesures sociales prises par le gouvernement :

– la loi des quarante heures hebdomadaire évoquée clairement dans le vers 7 ;

– les congés payés suggérés par les rêves d'air pur, d'horizon et de bonheur à la maison (vers 5 et 6) et, *a contrario,* par la référence à l'absence de repos avant la réforme (vers 2).

Les connaissances permettent de citer aussi :

– les conventions collectives ;

– le droit syndical dans l'entreprise ;

– la hausse des salaires de 7 à 15 %.

▶ **5.** Pendant l'été 1936, l'ambiance est festive, la joie s'empare des ouvriers français qui bénéficient de leurs premiers congés payés. Comme le suggère le titre choisi par Martin Pénet, ce sont leurs premières vacances. Beaucoup prennent la route, souvent à vélo, pour aller sur les plages de Normandie ou de la côte d'Opale, dans le nord de la France.

Info +
À côté de la plage du Touquet, très prisée de la bourgeoisie, les ouvriers viennent profiter de celle, voisine, de Berck.

Sujet inédit

MAÎTRISER LES DIFFÉRENTS LANGAGES • 20 points

Le régime stalinien

▶ **1.** Sous la forme d'un développement construit d'une vingtaine de lignes, précisez en quelle année Staline accéda au pouvoir, puis montrez à l'aide d'exemples que son régime était totalitaire.

▶ **2. a)** Dans le tableau ci-dessous, représentez les symboles du régime soviétique que vous connaissez.

Couleur de l'étoile	Couleur du drapeau	Outils figurant sur le drapeau
	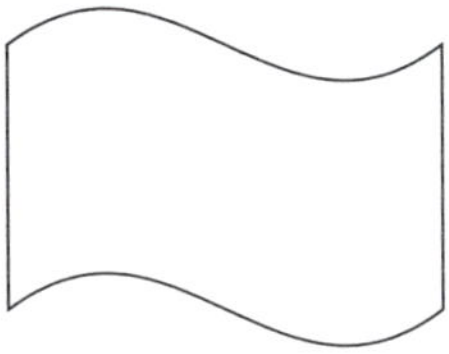	....

b) Qu'incarnent les outils figurés sur le drapeau de l'URSS ?

LES CLÉS DU SUJET

▶ **1.** Conforme-toi à l'énoncé du sujet : pour introduire ton développement, donnes la date d'accès au pouvoir de Staline.

Avant de rédiger ton développement, recense au brouillon les caractères d'un régime totalitaire. Classe-les et, pour chacun, associe un ou deux exemples : une organisation, un événement, une règle, un nom propre… Tu peux le faire à l'aide d'un tableau à deux colonnes (caractères ; exemples).

Rédige ensuite ton introduction et ton développement, en consacrant un petit paragraphe pour chaque caractère.

Enfin, formule une conclusion en une phrase. Ici, il s'agit de confirmer ce que tu dois montrer.

CORRIGÉ 6

▶ **1.** À partir de 1924, Staline écarta du pouvoir ses principaux concurrents et s'imposa à la tête de l'URSS. Il mit en place un culte de la personnalité en sa faveur et se fit appeler « le petit père des peuples ». Il put dès lors mettre en œuvre le programme des communistes.

Dans le cadre de la dictature du prolétariat assurée par le parti unique (le PCUS), il nationalisa les industries et collectivisa les terres. Ainsi placée sous la responsabilité de l'État, l'économie fut planifiée de façon impérative.

Par la propagande et le contrôle des médias, il endoctrina la population et embrigada les plus jeunes en les enrôlant dans des mouvements de jeunesse : les pionniers.

> **Astuce**
> Un « développement » propose des réponses illustrées par des exemples ; il est « construit », parce qu'il expose les connaissances dans des paragraphes ordonnés de façon chronologique (les faits les plus anciens avant les plus récents) ou thématique (politique, économie, société…).

Contre ses opposants, il fit régner la terreur par le biais d'une police politique (le NKVD) et l'instauration de camps de travail (le Goulag).

L'URSS sous Staline est ainsi devenue un État totalitaire.

▶ **2.** Les symboles du régime soviétique sont l'étoile rouge (symbole du communisme) et le drapeau rouge de l'URSS. Ces lettres signifient Union des Républiques socialistes soviétiques. Sur le drapeau figurent un marteau – symbole de la classe ouvrière (ou des ouvriers) – et une faucille – symbole de la paysannerie.

> **Info +**
> Le rouge représente le sang des ouvriers lors de leurs soulèvements. Tous les partis et pays socialistes l'utilisent.

Sujet inédit

MAÎTRISER LES DIFFÉRENTS LANGAGES • 20 points

L'extermination des Juifs et des Tziganes

▶ **1.** Sous la forme d'un développement construit d'une vingtaine de lignes, décrivez et expliquez le processus d'extermination des Juifs et des Tziganes durant la Seconde Guerre mondiale. Pour conclure, précisez la définition d'un génocide.

▶ **2.** Complétez la frise chronologique ci-dessous. Préciser les événements déjà placés sur la frise en complétant les textes. Ajouter les événements suivants en les plaçant correctement sur la frise : nuit de Cristal ; mise en œuvre de la Shoah par balles ; libération du camp d'Auschwitz.

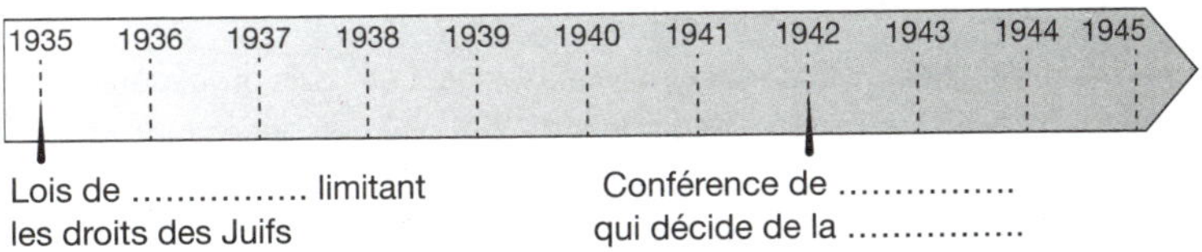

LES CLÉS DU SUJET

▶ **1.** Présente le caractère principal de la Seconde Guerre mondiale (une guerre d'anéantissement) en introduction, cela te permettra d'amener le sujet de ton développement. Tu peux présenter l'extermination des Juifs et des Tziganes comme une illustration de ce caractère de la guerre.

Ne différencie pas les Juifs et les Tziganes pour construire ton plan. Pour chacun de ces peuples, le processus est identique. Organise plutôt ton développement selon les étapes historiques : discriminations et intimidations, exclusion, déportation, extermination.

Fais un bilan chiffré, puis conclus en donnant la définition du mot « génocide », comme demandé dans l'énoncé.

CORRIGÉ 7

▶ **1.** La Seconde Guerre mondiale est marquée par les crimes contre l'humanité. Juifs et Tziganes en furent les principales victimes.

Dès son arrivée au pouvoir, Hitler mit en œuvre une politique d'exclusion à l'égard de populations jugées indésirables. Les lois de Nuremberg (1935) plongèrent les Juifs dans la précarité en leur supprimant la citoyenneté allemande et l'accès à de nombreuses professions. Dénoncés comme des ennemis du peuple allemand, ils furent victimes de violences et de discriminations, comme pendant la « nuit de Cristal » en 1938. Nombre d'entre eux s'exilèrent à ce moment-là.

Pendant la guerre, ils furent mis sous surveillance et internés dans des ghettos ou des camps de concentration. À partir de 1941, lors de l'offensive contre l'URSS, ils furent systématiquement éliminés : c'est la Shoah par balles. Jugé trop lent et difficile à mettre en œuvre, le procédé fut remplacé à partir de 1942 par une extermination par empoisonnement (gaz) dans des camps, comme celui d'Auschwitz-Birkenau.

Plus de 5 millions de Juifs furent ainsi assassinés. Les nazis procédèrent de la même façon avec les Tziganes, soit près de 250 000 personnes (un tiers de la communauté tzigane d'Europe).

Un génocide est l'extermination intentionnelle et systématique de tout un peuple en raison de sa religion, de son ethnie ou de sa nationalité. Ce processus criminel est si odieux qu'il est jugé imprescriptible.

Info +
Un crime imprescriptible est toujours susceptible de poursuites judiciaires. Il n'y a pas d'oubli possible.

▶ **2.**

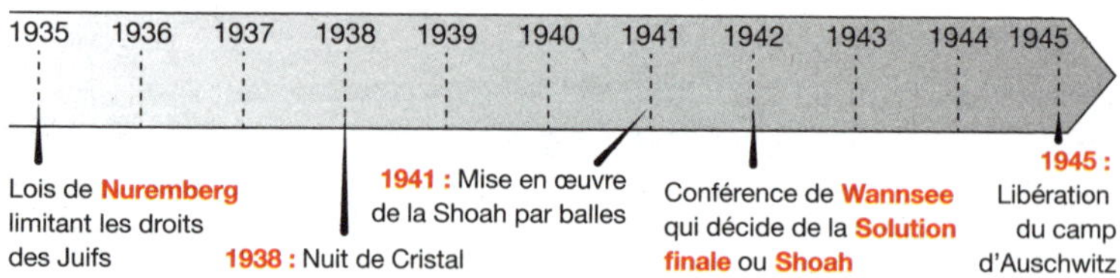

D'après Polynésie française • Septembre 2013

ANALYSER UN DOCUMENT • 20 points

Le statut des Juifs dans la France de Vichy

DOCUMENT **Extrait du statut des Juifs, 1940**

Article 1

Est regardé comme Juif toute personne issue de trois grands-parents de race juive [...].

Article 2

L'accès et l'exercice des fonctions publiques et mandats énumérés ci-après sont interdits aux Juifs : chef de l'État, membre du gouvernement ; fonctionnaires de tout grade attachés aux services de police ; membres des corps enseignants ; officiers et sous-officiers des armées. [...]

Article 4

L'accès et l'exercice des professions libérales, des professions libres, des fonctions dévolues aux officiers ministériels et à tous auxiliaires de la justice sont permis aux Juifs, à moins que des règlements d'administration publique n'aient fixé pour eux une proportion déterminée. Dans ce cas, les mêmes règlements détermineront les conditions dans lesquelles aura lieu l'élimination des Juifs en surnombre.

Article 5

Les Juifs ne pourront exercer l'une quelconque des professions suivantes : directeurs et rédacteurs de journaux, metteurs en scène, entrepreneurs de spectacles [...] ; gérants de toutes entreprises se rapportant à la radiodiffusion. [...]

Article 8

Par décret individuel pris en Conseil d'État et dûment motivé, les Juifs qui, dans les domaines littéraire, scientifique, artistique, ont rendu des services exceptionnels à l'État français pourront être relevés des interdictions prévues par la présente loi. [...]

Fait à Vichy, le 3 octobre 1940.

▶ **1.** Identifiez la date du document. Quel régime politique et quel chef d'État dirigent la France à cette date ?

▶ **2.** En vous appuyant sur vos connaissances, expliquez après quel événement le régime change en France et quel type de politique le nouveau chef d'État se propose de mener avec l'Allemagne.

▶ **3.** En vous appuyant sur des exemples extraits du document, expliquez pourquoi ce statut rend plus difficile la vie des Juifs.

▶ **4.** Quand et dans quel autre pays des mesures semblables avaient-elles été prises ? Comment s'appellent les lois qui ont imposé ces mesures dans ce pays ?

▶ **5.** Que fait cette loi des Juifs par rapport à la communauté des Français ? En citant les valeurs de la République, expliquez en quoi ce statut ne les respecte pas.

LES CLÉS DU SUJET

■ Comprendre le document

Le document est un « statut », autrement dit une loi. Elle définit le droit. C'est un document officiel. Il concerne les Français de confession juive. Il établit des « interdits », des limites ou des conditions d'exercice de certaines professions. La liberté des Juifs s'en trouve limitée.

■ Répondre aux questions

▶ **1.** Où a été signé le statut des Juifs ?

▶ **3.** Quels types d'activités sont interdits aux Juifs ? De quoi les privent ces interdictions ?

▶ **4.** Quel pays exerce une politique antisémite à l'époque ? Les lois contre les Juifs portent le nom d'une ville de ce pays. Laquelle ?

▶ **5.** Qu'est-ce qu'une discrimination ? Que proclame la Déclaration des droits de l'Homme et du citoyen ? Que dit la devise de la République ? Fais le lien entre ces principes ou valeurs et la situation faite aux Juifs par le statut.

CORRIGÉ 8

▶ **1.** Le document date du 3 octobre 1940. Sous l'autorité du maréchal Pétain, le régime de Vichy dirige la France à cette date.

▶ **2.** Le régime change en France après sa défaite militaire et la capitulation de juin 1940. Pétain se propose alors de mener une politique de collaboration avec l'Allemagne.

> **Gagne des points**
> Tu peux préciser que la République est abolie et que le nouveau régime est une dictature militaire.

▶ **3.** Le statut des Juifs leur interdit l'exercice des métiers de la fonction publique et de nombreuses professions libérales (articles 2, 4 et 5). Ne pouvant plus travailler, les Juifs se voient ainsi privés de revenus et réduits à la misère.

▶ **4.** Des mesures semblables avaient été prises dans l'Allemagne nazie d'Hitler en 1935. Les lois qui les ont imposées sont les lois de Nuremberg.

> **Astuce**
> Pour bien répondre à une question, reprend dès le début de ta réponse les termes de la question.

▶ **5.** Cette loi exclut les Juifs de la communauté des Français ; elle les prive de leurs droits. Ce statut ne respecte pas la liberté de croyance, puisque les Juifs sont exclus en raison de leur religion ; il ne respecte pas non plus l'égalité de droit, puisque les Juifs ne peuvent plus choisir leur métier comme les autres Français ; il est aussi une atteinte à la liberté.

HISTOIRE

SUJET

9

Sujet inédit

MAÎTRISER LES DIFFÉRENTS LANGAGES • 20 points

La décolonisation de l'Algérie

▶ **1.** Sous la forme d'un développement construit d'une vingtaine de lignes, décrivez et expliquez la décolonisation de l'Algérie. Précisez en quoi elle se distingue de la décolonisation de l'Inde ou de l'Afrique noire.

▶ **2.** Sur le fond de carte ci-dessous, localisez et nommez deux puissances coloniales (en bleu) et trois territoires coloniaux devenus indépendants après la Seconde Guerre mondiale (en rouge). Où placez-vous Bandung ?

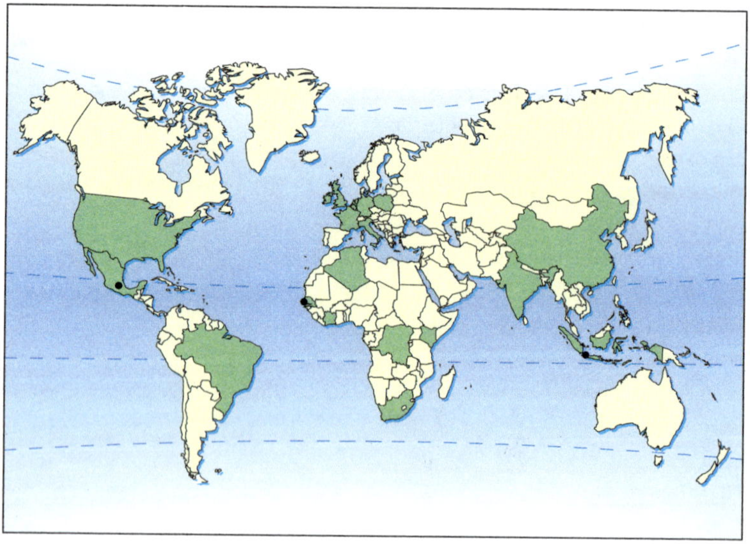

LES CLÉS DU SUJET

▶ **1.** En une phrase d'introduction, rappelle la période de la décolonisation et l'année où commence celle de l'Algérie.
Ne limite pas ton développement à une description des événements. Rappelle d'abord quels sont les acteurs du conflit et ce qui les oppose.
Mets en évidence la situation de guerre entre la France et les indépendantistes. C'est sur ce point qu'il y a une différence avec l'Inde et l'Afrique noire.
En conclusion, évoque les accords qui mettent fin à la guerre (date et lieu) ; mais redis aussi ce qui caractérise la décolonisation algérienne à la différence d'autres indépendances.
▶ **2.** Bandung est la ville où les représentants de 29 États nouvellement indépendants se sont réunis en 1955 pour se déclarer solidaires. La ville se situe dans la région de la première décolonisation.

CORRIGÉ 9

▶ **1.** La période de 1945-1965 est marquée par la décolonisation. L'Algérie française est touchée par les revendications. De 1954 à 1962, la France et les indépendantistes algériens s'affrontent.

À l'origine du conflit, dès 1945, les populations musulmanes revendiquent des réformes pour que leur soient accordés les mêmes droits politiques que les résidents européens. Les Français d'Algérie rejettent ces revendications. À Sétif une manifestation tourne à l'émeute, la répression est sanglante. Les victimes se comptent par milliers.

Astuce
Aère ton développement en faisant plusieurs paragraphes pour en faciliter la lecture : deux ou trois paragraphes, un par idée, information ou question de la consigne.

Jusqu'en 1954, l'ordre est maintenu. Mais les attentats commis par le FLN (Front de libération nationale algérien) en novembre 1954 (Toussaint rouge) déclenchent une guerre qui se prolonge pendant huit ans. L'armée française contrôle les villes, mais ne parvient pas à assurer la sécurité sur l'ensemble du territoire.

En 1958, le conflit a des effets politiques en métropole. L'insurrection des Français d'Algérie provoque une crise qui met un terme à la IVe République. Appelé au pouvoir, le général de Gaulle promet de résoudre le problème en se dotant de nouveaux moyens d'action. C'est la naissance de la Ve République. La guerre continue, mais de Gaulle négocie progressivement le retrait de la France. Malgré une tentative de putsch contre lui (1961), il trouve un accord avec le FLN. En 1962, à Évian, la guerre prend fin.

L'exemple de l'Algérie témoigne d'une décolonisation violente, qui fit de nombreuses victimes tant françaises (appelés du contingent, pieds-noirs…) qu'algériennes (indépendantistes, harkis…).

▶ **2.**

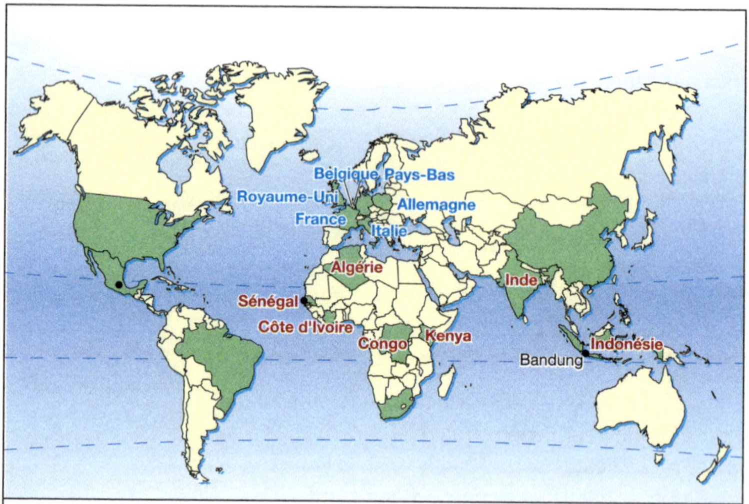

Belgique : puissances coloniales **Algérie** : territoires coloniaux indépendants

SUJET 10

D'après Liban • Juin 2013

ANALYSER UN DOCUMENT • 20 points

« *Ich bin ein Berliner* » (1963)

HISTOIRE

DOCUMENT **Discours de John Fitzgerald Kennedy sur la situation de Berlin, prononcé sur les marches de l'hôtel de ville de Berlin-Ouest, le 26 juin 1963**

Il ne manque pas de personnes dans le monde qui ne comprennent pas ou qui prétendent ne pas comprendre quelle est la grande différence entre le monde libre et le monde communiste. Qu'ils viennent à Berlin ! D'autres disent que le communisme est la vague de l'avenir. Qu'ils viennent à Berlin ! Certains enfin, en Europe et ailleurs, disent que nous pouvons travailler avec les communistes. Qu'ils viennent à Berlin ! [...] Notre liberté éprouve certes beaucoup de difficultés et notre démocratie n'est pas parfaite. Cependant, <u>nous n'avons jamais eu besoin, nous, d'ériger un mur pour empêcher notre peuple de s'enfuir</u>. [...] Le Mur fournit la démonstration éclatante de la faillite du système communiste. Cette faillite est visible aux yeux du monde entier. Nous n'éprouvons aucune satisfaction en voyant ce mur, car il constitue à nos yeux, comme l'a dit votre maire, une offense non seulement à l'Histoire mais encore une offense à l'humanité [...].

Ce qui est vrai pour cette ville l'est pour l'Allemagne. Une paix réelle et durable en Europe ne peut être assurée tant qu'un Allemand sur quatre se voit dénier le droit élémentaire de tout homme libre de pouvoir effectuer des choix libres. [...] Vous vivez assiégés dans un îlot de liberté, mais votre vie fait partie d'un tout. [...] La liberté est indivisible, et quand un homme est réduit en esclavage, aucun autre n'est libre. Quand tous seront libres, alors nous pourrons attendre le jour où cette ville ne sera plus divisée, le jour où ce pays divisé ne fera plus qu'un, et où ce grand continent qu'est l'Europe vivra dans l'espoir et la paix. Quand ce jour viendra enfin, et il viendra, le peuple de Berlin pourra se féliciter d'avoir tenu bon sur la ligne de front pendant près de deux décennies.

> Tous les hommes libres, où qu'ils vivent, sont des citoyens de Berlin, et c'est pourquoi, en homme libre, je suis fier de prononcer ces mots : « *Ich bin ein Berliner.* »
>
> Centre virtuel de la connaissance sur l'Europe (www.cvce.eu).

▶ **1.** Qui est l'auteur de ce discours ? À qui s'adresse-t-il ?

▶ **2.** Quelle est la situation de Berlin depuis 1945 ? Comment expliquez-vous celle-ci ?

▶ **3.** À quel événement John Kennedy fait-il référence dans la phrase soulignée ? Expliquez cet événement.

▶ **4.** Que montre ce discours des relations entre les deux superpuissances pendant cette période de la guerre froide ? Comment définissez-vous cette « guerre froide » ?

▶ **5.** Les prédictions de John Kennedy dans le deuxième paragraphe du texte se sont-elles vérifiées par la suite ? Expliquez votre réponse.

LES CLÉS DU SUJET

■ Comprendre le document

Ce document est un extrait d'un discours officiel. Celui-ci a été prononcé deux ans après la construction du mur de Berlin. Son auteur se trouve alors dans la partie de la ville qui est sous le contrôle des alliés du bloc de l'Ouest.

■ Répondre aux questions

▶ **1.** Quelle est la fonction de John Kennedy en 1963 ? Qui vit « assiégé dans un îlot de liberté » ?

▶ **2.** Demande-toi quel a été le sort de l'Allemagne après sa défaite de 1945 ? Quelles sont les relations entre les États-Unis et l'URSS depuis 1947 ?

▶ **4.** En quels termes John Kennedy parle-t-il du « système communiste » ?

▶ **5.** À quelle date le Mur est-il tombé ? Quelle est la conséquence de cette chute pour l'Allemagne en 1990 ?

CORRIGÉ 10

▶ **1.** L'auteur de ce discours est J. F. Kennedy, le président des États-Unis. Il s'adresse aux Berlinois du secteur ouest de la ville.

▶ **2.** Depuis 1945, date de la défaite allemande au terme de la Seconde Guerre mondiale, Berlin est une ville placée sous le contrôle des États-Unis, de la Grande-Bretagne et de la France pour la partie ouest, de l'URSS pour la partie est. Cette situation s'explique par l'incapacité des deux blocs à s'entendre sur le sort de l'Allemagne, du fait de leur opposition idéologique.

Gagne des points
N'hésite pas à nommer les idéologies en question : communiste pour l'URSS, capitaliste pour les USA.

▶ **3.** Dans la phrase soulignée, Kennedy fait allusion à la construction du mur qui isole Berlin de la République démocratique d'Allemagne (RDA) survenue deux ans plus tôt, en 1961.

Rappel
Le mur de Berlin ne sépare pas seulement l'est de l'ouest de la ville. Il cerne toute la partie ouest, qui forme comme un îlot capitaliste en Allemagne de l'Est.

▶ **4.** Les relations entre les deux grands (États-Unis et URSS) sont tendues. Cette tension apparaît dans la dénonciation que Kennedy fait de l'échec du système soviétique (lignes 10-11), dans la dénonciation de « l'esclavage » auxquels sont soumis les peuples de l'Est (ligne 20) et dans la façon dont il se déclare « offensé » par l'existence du Mur (lignes 13-14). La guerre froide se définit ainsi comme un affrontement non armé entre les deux grandes puissances ; les tensions entre elles ne sont que des menaces.

▶ **5.** En 1989, le mur de Berlin est tombé. L'année suivante, les deux Allemagnes se sont réunifiées et, comme annoncé par Kennedy (lignes 23-24), la paix est revenue entre l'Est et l'Ouest (fin de la guerre froide). Comme promis par ailleurs (ligne 21), tous les Allemands ont alors pu bénéficier de la liberté des démocraties libérales.

SUJET
11

Sujet inédit

MAÎTRISER LES DIFFÉRENTS LANGAGES • 20 points

Les crises de Berlin (1948-1989)

▶ **1.** Sous la forme d'un développement construit d'une vingtaine de lignes, définissez la guerre froide, puis décrivez-la à travers les crises qui se déroulent à Berlin entre 1948 et 1989.

▶ **2.** Complétez la frise ci-dessous. Précisez les événements déjà placés sur la frise en complétant les textes. Ajouter les événements suivants, en les plaçant correctement sur la frise : crise de Cuba ; chute du mur de Berlin.

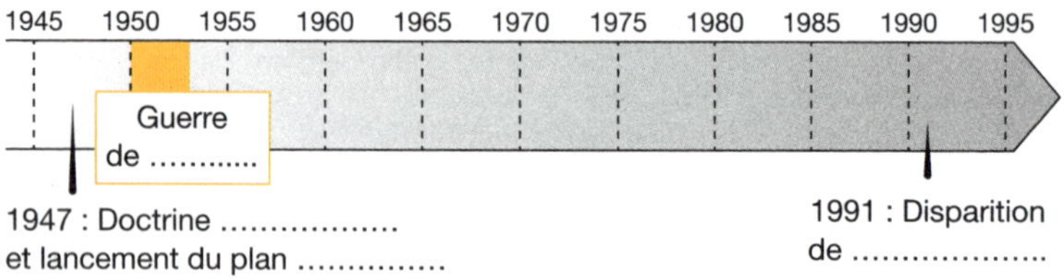

LES CLÉS DU SUJET

▶ **1.** En introduction, donne la définition de la guerre froide, comme demandé dans l'énoncé. Tu peux ainsi amener ton développement, en annonçant que tu vas illustrer celui-ci par la présentation des crises de Berlin.

Rédige un paragraphe par crise. Raconte les événements dans l'ordre chronologique. Précise les dates. Montre qu'elles correspondent aux temps forts de la guerre froide. Efforce-toi aussi de montrer que chaque situation racontée illustre la définition que tu as donnée en introduction.

Pour conclure, explique pourquoi il t'a été demandé de décrire ces crises après avoir défini la guerre froide.

CORRIGÉ 11

▶ **1.** La guerre froide désigne le conflit qui opposa deux blocs de pays : l'Ouest capitaliste libéral et l'Est communiste. Le conflit est dit « froid », parce que les deux principaux adversaires (les États-Unis et l'URSS) ne s'affrontèrent pas directement dans le cadre de conflits armés. Leur affrontement se déroula souvent sur le territoire d'autres pays, comme à Berlin.

> **Conseil**
> En histoire, quand tu dois « décrire » ou « raconter » une situation étalée dans le temps, appuie-toi sur la chronologie.

En 1948, Staline veut chasser les occidentaux de Berlin. Il organise un blocus de la ville. Plutôt que de forcer le passage pour approvisionner les Berlinois, les Américains organisent un pont aérien : ils apportent tout le nécessaire à la population par avions. En 1949, Staline abandonne le blocus sans être parvenu à ses fins.

> **Info +**
> La guerre entre les deux Corée et celle entre les deux Vietnam sont d'autres cas d'affrontement entre les deux Grands.

En 1961, afin d'empêcher les Allemands de l'Est de quitter la RDA pour se rendre à l'Ouest – migration qui dépeuplait le pays et en donnait une très mauvaise image –, les dirigeants est-allemands soutenus par les Soviétiques décident de construire un mur qui isole Berlin Ouest. Ce mur est dénoncé par les Occidentaux.

En 1963, le président américain Kennedy se rend à Berlin pour exprimer sa solidarité avec les Berlinois. « Ich bin ein Berliner », leur dit-il. Mais ce soutien ne change rien au sort des Allemands de l'Est. Il faut attendre novembre 1989 et l'affaiblissement du bloc de l'Est pour voir tomber ce mur et se réunifier la ville, puis le pays tout entier (1990).

Les crises qui ont touché Berlin de 1948 à 1989 sont typiques des conflits de la guerre froide.

▶ **2.**

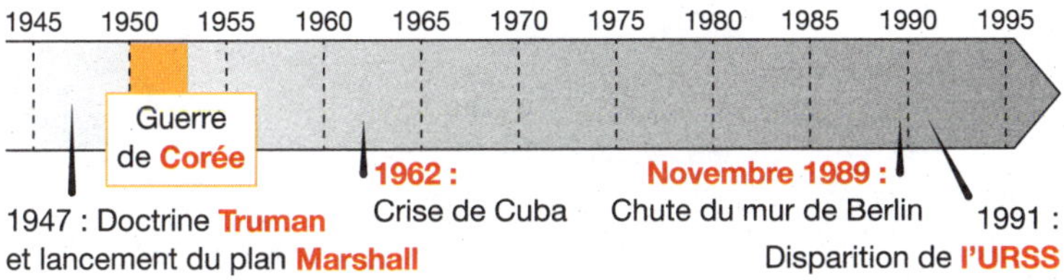

HISTOIRE

SUJET

12

Sujet inédit

ANALYSER UN DOCUMENT • 20 points

Le traité de Rome

DOCUMENT **Extrait du traité de Rome**

Préambule – Sa Majesté le roi des Belges, le président de la République fédérale d'Allemagne, le président de la République française, le président de la République italienne, Son Altesse royale la grande-duchesse de Luxembourg, Sa Majesté la reine des Pays-Bas, DÉTERMINÉS à établir les fondements d'une union sans cesse plus étroite entre les peuples européens, DÉCIDÉS à assurer par une action commune le progrès économique et social de leurs pays en éliminant les barrières qui divisent l'Europe, ASSIGNANT pour but essentiel à leurs efforts l'amélioration constante des conditions de vie et d'emploi de leurs peuples, RECONNAISSANT que l'élimination des obstacles existants appelle une action concertée en vue de garantir la stabilité dans l'expansion, l'équilibre dans les échanges et la loyauté dans la concurrence, SOUCIEUX de renforcer l'unité de leurs économies et d'en assurer le développement harmonieux en réduisant l'écart entre les différentes régions et le retard des moins favorisés, DÉSIREUX de contribuer, grâce à une politique commerciale commune, à la suppression progressive des restrictions aux échanges internationaux, ENTENDANT confirmer la solidarité qui lie l'Europe et les pays d'outre-mer, et désirant assurer le développement de leur prospérité, conformément aux principes de la Charte des Nations unies, RÉSOLUS à affermir, par la constitution de cet ensemble de ressources, les sauvegardes de la paix et de la liberté, et appelant les autres peuples de l'Europe qui partagent leur idéal à s'associer à leur effort, ONT DÉCIDÉ de créer une Communauté économique européenne. [...]

Article 2 – La Communauté a pour mission, par l'établissement d'un marché commun et par le rapprochement progressif des politiques économiques des États membres, de promouvoir un développement harmonieux des activités économiques dans l'ensemble de la Communauté, une expansion continue et équilibrée, une stabilité accrue, un relèvement accéléré du niveau de vie et des relations plus étroites entre les États qu'elle réunit.

▶ **1.** Quels pays sont signataires de ce traité ? De quand date-t-il ? Où a-t-il été signé ?

▶ **2.** En vous appuyant sur le texte pour justifier vos réponses, dites sur quelles valeurs et principes est établi le traité.

▶ **3.** Dans quel domaine la communauté veut prioritairement favoriser le rapprochement de ses membres ? Quel nom adopte la communauté ?

▶ **4.** À l'aide de vos connaissances, citez deux accords ou traités qui ont permis de mettre en application les objectifs de la communauté entre 1957 et 1992. Illustrez vos réponses en citant des extraits du traité de Rome.

▶ **5.** Comment se transforme la CEE à partir de 1995 ? Citez au moins deux exemples d'objectifs qu'elle se fixe et les réalisations qui se mettent en place dans ce cadre.

LES CLÉS DU SUJET

■ Comprendre le document

Ce document est un traité. Officiel, il change les relations économiques et politiques entre les États signataires. Il est signé douze ans après la fin de la guerre, dix après le début de la guerre froide.

■ Répondre aux questions

▶ **2.** Quelle valeur cherche-t-on à atteindre en « réduisant les écarts » ? Que veulent « confirmer » les signataires ? Quelle valeur républicaine apparaît dans les dernières lignes du préambule ?

▶ **3.** La réponse est contenue dans le sigle CEE.

▶ **4.** Cherche dans le texte les buts des signataires et retrouve ainsi les traités étudiés en classe.

▶ **5.** Tu peux chercher des réponses dans ton cours d'éducation morale et civique.

CORRIGÉ 12

▶ **1.** Les pays signataires du traité sont la Belgique, la République fédérale d'Allemagne (RFA), la France, l'Italie, le Luxembourg et les Pays-Bas. Il date de 1957 et a été signé à Rome.

▶ **2.** Le traité est établi sur les principes de l'égalité (les signataires veulent « réduire les écarts » entre eux et établir « l'équilibre de leurs échanges »), la solidarité (qu'ils veulent « confirmer »), la paix et la liberté (fin du préambule). Ils cherchent l'unité (voir l'emploi répété des formules « union », « action commune », « unité », « harmonie »).

Conseil
Quand on te demande de « t'appuyer sur le document », cite entre parenthèses le passage qui justifie ta réponse.

▶ **3.** Les membres veulent favoriser leur rapprochement dans les domaines de l'économie. Le mot apparaît cinq fois dans le texte qui parle aussi d'échanges, de concurrence, de marché, de prospérité, de développement. La communauté prend le nom de Communauté économique européenne ou CEE.

▶ **4.** Les accords qui mettent en application les objectifs de la communauté sont :

– la politique agricole commune (PAC) en 1962, qui vise à « améliorer les conditions de vie » des agriculteurs, « stabiliser les marchés » et « favoriser le développement » de l'agriculture ;

– le marché commun en 1968, qui supprime les droits de douanes puis/ou l'Acte unique en 1986 qui permet la libre circulation des marchandises ; ces deux accords répondent au vœu de « suppression progressive des restrictions aux échanges internationaux » et établit « la loyauté dans la concurrence » ;

– la création du Fonds européen de développement régional (FEDER) en 1975, dont le but est de réduire « l'écart entre les différentes régions et le retard des moins favorisés » ;

– les accords de Schengen en 1985 sur la libre circulation des personnes, qui suppriment une restriction et permet aux populations d'améliorer leurs conditions de vie ;

– la création de l'ECU en 1979, une monnaie qui vise à favoriser les échanges entre les pays membres.

▶ **5.** À partir de 1995, la CEE devient l'Union européenne (UE). Elle se donne pour objectifs de renforcer les liens constitutionnels, politiques, monétaires, sociaux, fiscaux… entre les pays membres. Dans ce cadre, l'Union crée une citoyenneté européenne, une monnaie commune (l'euro), une force militaire (Eurocorps), un poste de président de l'Union et un poste de haut représentant aux affaires étrangères.

Gagne des points
Tu peux préciser que la communauté s'agrandit, passant à 15 membres en 1995 ; et que l'UE compte aujourd'hui 28 pays.

SUJET

13

D'après Pondichéry • Avril 2013

ANALYSER UN DOCUMENT • 20 points

Le monde après la chute du mur de Berlin

DOCUMENT **Le monde actuel vu par le dessinateur Chalvin, mars 2008**

M. Foucher, « Les nouveaux (dés)équilibres mondiaux », *La Documentation photographique*, n° 8072, novembre-décembre 2009.

▶ **1.** Identifiez la nature et l'auteur de ce document.

▶ **2.** Décrivez le puzzle de gauche. Expliquez en quoi il représente l'organisation du monde entre 1945 et 1989.

▶ **3.** Décrivez le puzzle de droite. Expliquez en quoi il représente le monde depuis le début des années 1990.

▶ **4.** En vous appuyant sur le document, dites quels événements ont provoqué les changements entre les deux puzzles.

▶ **5.** À l'aide de vos connaissances, citez les grands changements qui affectent la communauté économique européenne et le commerce mondial. Présentez au moins un conflit qui trouble le monde.

LES CLÉS DU SUJET

■ Comprendre le document

Le document est un dessin repris par un éditeur qui diffuse des documents pédagogiques. Il a pour objectif de montrer en un clin d'œil les changements du monde avant et après la fin de la guerre froide. Il donne une vision de la seconde moitié du XXe siècle telle qu'on peut la comprendre en 2009.

■ Répondre aux questions

▶ **1.** Attention : ne confonds pas l'auteur du dessin avec celui qui le publie.
▶ **2.** Combien de pièces compte le puzzle ? Quels systèmes politique et économique différencient l'Est de l'Ouest ?
▶ **3.** Quelle est la principale différence entre ce puzzle et le précédent ? Comment désigne-t-on les pays du Sud qui deviennent des puissances ? Quel pays développé manque pour former la Triade ?
▶ **4.** Recherche les réponses dans les propos tenus par les deux personnages du dessin.

HISTOIRE

CORRIGÉ 13

▶ **1.** Le document est un dessin humoristique du dessinateur Chalvin.

▶ **2.** Le puzzle de gauche comporte trois pièces : deux dans la partie supérieure (le Nord) distinguant l'Est et l'Ouest ; une dans la partie inférieure (le Sud). L'Ouest figure le bloc occidental composé de pays capitalistes à démocraties libérales, mené par les États-Unis. L'Est représente le bloc des pays communistes, dirigé par l'URSS. Dans la partie sud se trouvent les pays décolonisés et nommés « tiers-monde » depuis la conférence de Bandung (1955). Ce sont des pays pauvres qui ne veulent s'aligner sur aucun des deux blocs.

> **Astuce**
> Sur le dessin sont indiqués l'Ouest et l'Est ; mais il y a deux autres points cardinaux que tu peux aussi utiliser dans ta réponse.

▶ **3.** Le puzzle de droite est éclaté en très nombreuses pièces parmi lesquelles émergent quelques puissances. Il représente un monde plus diversifié et interconnecté. Au nord, les États-Unis, l'Europe (et le Japon) forment la triade des grandes puissances économiquement dominantes. Au sud, les BRIC (Brésil, Russie, Inde, Chine) sont des pays encore pauvres mais de plus en plus importants sur le plan économique. Tous ces pays et ceux qui les entourent forment un système mondialisé.

▶ **4.** Les événements qui ont provoqué les changements entre les deux puzzles sont la chute du mur de Berlin en 1989, évoquée par le personnage de gauche, et la disparition de l'URSS en 1991, suggérée par la femme qui parle du communisme, idéologie dont se réclamait le bloc de l'Est.

▶ **5.** Le grand changement qui affecte la CEE est sa transformation en Union européenne (1992-1995). En 1995 est créée l'Organisation mondiale du commerce (OMC). Mais de nombreux conflits déstabilisent le monde. On peut citer les guerres du Golfe contre l'Irak (1991 et 2003), la crise dans les Balkans (1991-1995), l'attentat de New York en septembre 2001 et la guerre en Afghanistan qui lui fait suite.

Gagne des points
Pense à l'actualité récente et montre à ton correcteur que tu sais y puiser des informations. Ne limite pas tes connaissances au cours !

SUJET

14

Sujet inédit

MAÎTRISER LES DIFFÉRENTS LANGAGES • 20 points

HISTOIRE

Organisation et conflits du monde contemporain

▶ **1.** Sous la forme d'un développement construit d'une vingtaine de lignes, décrivez les inégalités du monde contemporain, puis expliquez les tensions et conflits qui l'affectent.

▶ **2.** Sur le fond de carte ci-dessous, représentez et nommez les pôles de la Triade, citez deux pays membres des BRICS et la région du monde où les PMA sont les plus nombreux. Faites une légende pour distinguer vos réponses.

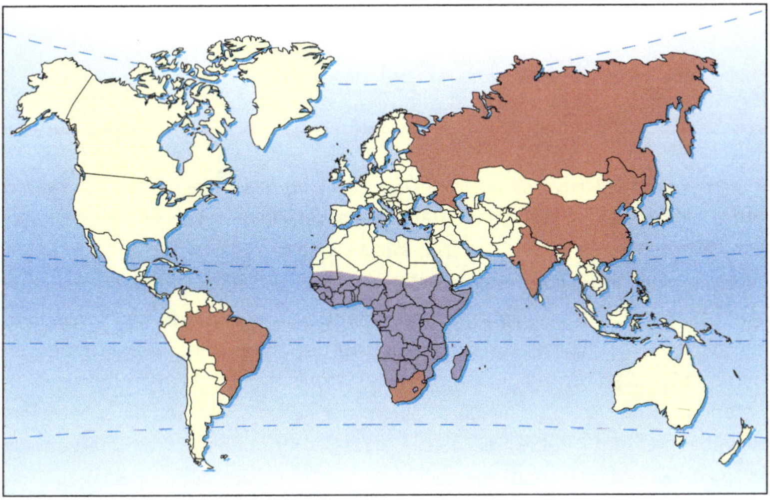

LES CLÉS DU SUJET

▶ **1.** Commence par rappeler comment est organisé le monde depuis la fin de la guerre froide.
La consigne invite à décrire puis à expliquer deux situations. Consacre un paragraphe à chacune : les inégalités d'une part, les tensions d'autre part.
Attention : les inégalités ne sont pas seulement économiques. Pour les conflits, trouve des exemples de natures différentes. Distingue les guerres entre États des guerres civiles.
Les tensions sont politiques ; elles peuvent aussi être économiques. Donne des exemples de crises : un krach boursier ou une crise bancaire, comme celle de 2008.
En conclusion, caractérise en un adjectif l'ordre du monde contemporain.
▶ **2.** Le mot Triade renvoie au chiffre trois. BRICS est un acronyme. Chaque lettre désigne un pays. Les PMA sont les pays les plus pauvres de la planète. Mets en évidence tes réponses en colorant les pays ou zones demandés. N'oublie pas de les nommer.

CORRIGÉ 14

▶ **1.** En 1991, l'URSS disparaît. C'est la fin de la guerre froide. Un nouvel ordre mondial se met en place. Mais, contrairement aux espoirs des peuples, les inégalités et les guerres ne disparaissent pas.

Les inégalités Nord-Sud persistent. Elles opposent les pays développés aux pays pauvres. Les premiers forment une Triade composée des États-Unis d'Amérique, de l'Union européenne et du Japon. À ces puissances dominantes s'ajoutent de nouveaux pays industriels, principalement localisés en Asie : la Corée du Sud, Taïwan et Singapour notamment. Les pays pétroliers du Moyen-Orient (Arabie Saoudite, Émirats) sont riches et bien intégrés à la mondialisation.

Dans le Sud, d'importantes différences apparaissent. Quelques pays grands par la taille et de population nombreuse émergent. Ils se développent et concurrencent de plus en plus les pays du nord. On les appelle les BRICS (Brésil, Russie, Inde, Chine et Afrique du Sud). D'autres, comme le

Gagne des points
Les États les plus pauvres sont appelés « pays les moins avancés » ou PMA. Si tu connais l'expression, utilise-la.

Vietnam, profitent de leur main-d'œuvre bon marché pour se transformer en « pays ateliers ». Par contre, une cinquantaine d'États, situés principalement dans les Andes ou en Afrique noire, ne parviennent pas à se développer et restent très pauvres.

Les inégalités économiques génèrent de fortes tensions, voire des guerres civiles entre les dirigeants et élites sociales d'une part, les masses qui vivent dans la misère d'autre part. C'est le cas en Amérique latine (Colombie, Pérou) ou en Afrique du Nord (Algérie, Égypte). Les différences religieuses, ethniques ou culturelles favorisent l'éclatement de guerres. Dans les Balkans (ex-Yougoslavie), au Proche et Moyen-Orient (Irak, Afghanistan), en Afrique (Soudan, Liberia, Centrafrique), celles-ci font des ravages et jettent sur les routes des foules de réfugiés. À ces désastres s'ajoutent des guerres anciennes qui continuent de déstabiliser des régions entières (le conflit israélo-palestinien, par exemple).

De bipolaire au temps de la guerre froide, l'ordre du monde est devenu multipolaire. Les bouleversements survenus après la chute du mur de Berlin en 1989 ont changé les équilibres mondiaux ; ils n'ont pas favorisé l'établissement de la paix pour autant.

HISTOIRE

▶ **2.**

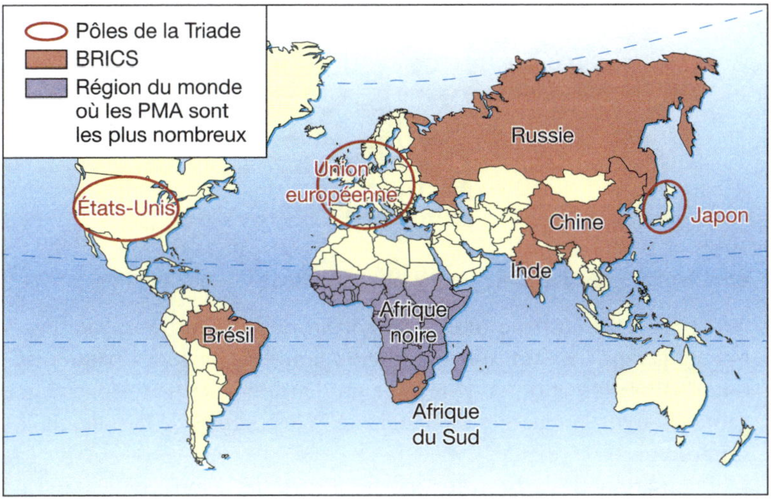

SUJET

15

Sujet inédit

ANALYSER UN DOCUMENT • 20 points

La création de la Sécurité sociale

DOCUMENT 1 **Affiches en faveur de la Sécurité sociale, 1945**

DOCUMENT 2 **Ordonnance du 4 octobre 1945**

Art. 1er – Il est institué une organisation de la Sécurité sociale destinée à garantir les travailleurs et leurs familles contre les risques de toute nature susceptibles de réduire ou de supprimer leur capacité de gain, à couvrir les charges de maternité et les charges de famille qu'ils supportent.

L'organisation de la Sécurité sociale assure dès à présent le service des prestations prévues par les législations concernant les assurances sociales, l'allocation aux vieux travailleurs salariés, les accidents du

travail et maladies professionnelles et les allocations familiales et de salaire unique aux catégories de travailleurs protégés par chacune de ces législations dans le cadre des prescriptions fixées par celles-ci et sous réserve des dispositions de la présente ordonnance.
Des ordonnances ultérieures procéderont à l'harmonisation desdites législations et pourront étendre le champ d'application de l'organisation de la Sécurité sociale à des catégories nouvelles de bénéficiaires et à des risques ou prestations non prévus par les textes en vigueur.

Le Gouvernement provisoire de la République française.

▶ **1.** Quel gouvernement dirige la France en octobre 1945 ? Pourquoi son nom ? Qui le préside ?

▶ **2.** Décrivez l'état économique et politique de la France en 1945. Expliquez cette situation.

▶ **3.** Que met en place l'ordonnance du 4 octobre 1945 ? Quel en est le but ? Justifiez votre réponse par des informations tirées des documents.

▶ **4.** Au nom de quelles valeurs républicaines les mesures sont-elles prises ? Appuyez-vous sur les affiches pour justifier vos réponses.

▶ **5.** Citez deux autres mesures votées entre 1944 et 1946 par le GPRF.

LES CLÉS DU SUJET

Comprendre les documents

• Prise par un gouvernement, une ordonnance est une décision qui fait acte de loi. C'est un document officiel. Cette loi entre en vigueur six mois après la fin de la guerre.
• Les affiches illustrent la mesure : elles en font la promotion auprès des Français.

Répondre aux questions

▶ **2.** La France sort d'une guerre qui l'a désorganisée. La République a été abolie par le régime de Vichy. Il faut tout reconstruire.
▶ **3.** Contre quoi le gouvernement veut protéger les Français ? Donne des exemples concrets.
▶ **4.** Essaie de retrouver dans les documents les valeurs de la devise de la République. Le nom de l'organisation créée apporte aussi une réponse.

CORRIGÉ 15

▶ **1.** Le gouvernement qui dirige la France en octobre 1945 est le Gouvernement provisoire de la République française (GPRF). Il est provisoire en attendant qu'un nouveau régime soit établi par le vote d'une constitution. Le général de Gaulle préside ce gouvernement.

▶ **2.** La France a subi des destructions (villes, infrastructures de transports…). Son économie tourne au ralenti. Elle n'a plus de Constitution. Cette situation s'explique par la guerre qui s'est déroulée sur son territoire et par la chute du régime de Vichy.

▶ **3.** L'ordonnance du 4 octobre met en place la Sécurité sociale. Elle a pour but d'aider les Français touchés par la maladie (1re affiche), menacés par la misère et l'absence de logement (2e affiche) ou les femmes enceintes touchées par les charges de la maternité (doc. 2. § 1). Elle veut aider les retraités (les « vieux travailleurs salariés », doc. 2. § 2) et les victimes d'accidents du travail.

Conseil
« Justifier » sa réponse, c'est dire où se trouve l'information dans un document.

▶ **4.** Les mesures sont prises au nom de la sécurité ainsi que l'annonce le nom « Sécurité sociale ». Elles le sont aussi au nom de la solidarité (la fraternité) : « tous solidaires » proclame la 1re affiche. Au nom encore de l'égalité : « tous bénéficiaires » dit cette même affiche.

▶ **5.** Entre 1944 et 1946, le GPRF a également octroyé le droit de vote aux femmes. Il a nationalisé des entreprises de transport, d'énergie (EDF, GDF, CDF), de banques et d'assurances, créé l'École nationale d'administration (l'ENA) et établi la Constitution de la IVe République.

Sujet inédit
ANALYSER UN DOCUMENT • 20 points

Le référendum de 1962

▶ **1.** Quelle est la nature des deux documents (voir page suivante) ? Dans quel contexte ont-ils été utilisés ?

▶ **2.** En vous appuyant sur le document 1, précisez quelle réforme est proposée aux Français. Quel est l'objectif de cette réforme pour le président de la République ?

▶ **3.** Qui est l'auteur du document 2 ? Que craint-il ? Justifiez vos réponses en vous appuyant sur des informations extraites du document.

▶ **4.** Quel fut le résultat du référendum ? En vous appuyant sur vos connaissances, dites si les Français sont attachés à la mesure adoptée en 1962.

▶ **5.** Combien de présidents de la République ont été élus au suffrage universel depuis 1962 ? Nommez-en trois.

DOCUMENT 1

ph © Lee/Leemage

DOCUMENT 2

Avec l'autorisation du Centre de recherches politiques de Sciences Po (CEVIPOF)

LES CLÉS DU SUJET

■ Comprendre les documents

Les documents sont des affiches électorales. Publiées par des partis politiques, elles présentent le point de vue de ces partis, leur opinion. Ces affiches veulent convaincre les Français d'accepter ou refuser la question du référendum. Elles s'opposent.

■ Répondre aux questions

▶ **2.** À quoi les auteurs de l'affiche associent-ils leur « non » ? Cherche la définition de « plébiscite » dans le dictionnaire.

▶ **3.** À qui s'adresse l'affiche 1 ? Qui est le « vous » ? Qui désigne le doigt ? Comment est considéré le pouvoir du président dans la Ve République ?

▶ **4.** D'après toi, les Français s'abstiennent-ils beaucoup lors des élections présidentielles ?

CORRIGÉ 16

▶ **1.** Les documents sont des images, des affiches. Elles ont été utilisées lors du référendum de 1962. Elles sont faites pour inciter les Français à voter « oui » ou « non ».

▶ **2.** La réforme proposée aux Français est l'élection au suffrage universel direct du président de la République. Cette réforme renforcerait la légitimité du président, autrement dit sa puissance.

Info +
En 1958, le premier président de la Ve République (de Gaulle) fut élu par un collège de 80 000 grands électeurs (parlementaires, conseillers généraux et conseillers municipaux).

▶ **3.** L'auteur du document 2 est le Parti communiste français. Il craint que la réforme transforme la République en régime autoritaire, peut-être en une dictature ainsi que le suggère la référence au « pouvoir personnel ». Le plébiscite (vote pour ou contre un chef d'État) est un mode de scrutin souvent utilisé par les régimes autocratiques.

▶ **4.** Les Français approuvèrent la réforme par 62 % de « oui ». Ils y sont attachés et votent toujours en plus grand nombre lors des présidentielles qu'à l'occasion des autres scrutins.

▶ **5.** Sept présidents ont été élus depuis 1962 : Charles de Gaulle (1965), Georges Pompidou (1969), Valéry Giscard d'Estaing (1974), François Mitterrand (1981 et 1988), Jacques Chirac (1995 et 2002), Nicolas Sarkozy (2007) et François Hollande (2012).

SUJET

17

Sujet inédit

MAÎTRISER LES DIFFÉRENTS LANGAGES • 20 points

La France, terre d'immigration

▶ **1.** Sous la forme d'un développement construit d'une vingtaine de lignes, décrivez la politique d'immigration de la France depuis 1945, puis expliquez pourquoi elle a changé à la fin des Trente Glorieuses. Quelles conséquences l'immigration a-t-elle sur la société française ?

▶ **2.** Sur le fond de carte ci-dessous, localisez et nommez quatre pays d'origine des immigrants vers la France.

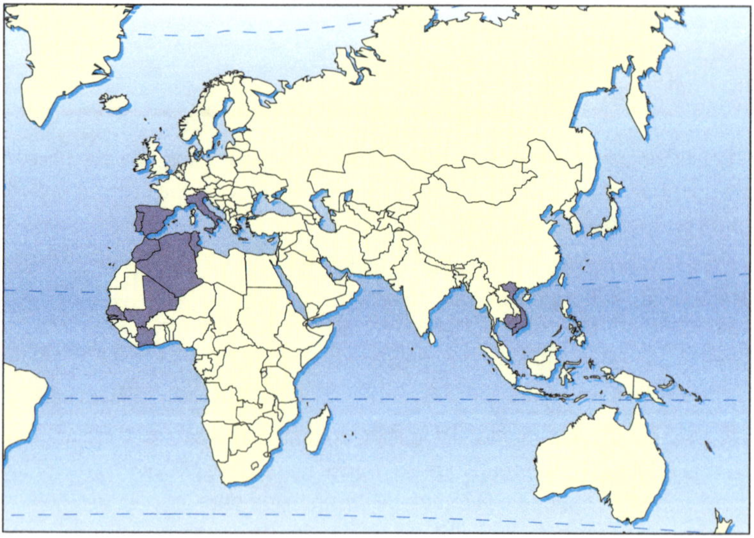

LES CLÉS DU SUJET

▶ **1.** Pour commencer, rappelle la situation de la France en 1945 et le besoin qu'elle a de se reconstruire. Ce rappel te permet de poser la question de l'immigration.

D'après la consigne, la politique de la France a changé. Il y a un avant et un après Trente Glorieuses. Rédige un paragraphe pour chacune des deux

périodes en définissant les politiques d'immigration de la France. Pour chacune de celles-ci, explique pourquoi les gouvernements les adoptent. Dans un troisième paragraphe, évalue les conséquences. Fais appel à tes connaissances de l'actualité.
Pour conclure, confronte les avantages et les inconvénients de l'immigration. Selon toi, qu'est-ce qui l'emporte ?

CORRIGÉ 17

▶ **1.** En 1945, la France est à reconstruire. Elle a besoin de main-d'œuvre. Quelle politique d'immigration adopte-t-elle et comment évolue celle-ci après les Trente Glorieuses ?

De 1945 à 1970, la France invite les travailleurs étrangers à venir sur son territoire. Les migrants viennent principalement des pays du sud de l'Europe (Portugal, Espagne, Grèce), des territoires de l'Empire ou de ses anciennes colonies (Afrique du Nord). Les migrants trouvent du travail dans le bâtiment et les industries. Ils occupent des emplois d'ouvriers spécialisés sur les chaînes de montage. Ce sont souvent des hommes seuls. Ils vivent dans des foyers d'accueil et beaucoup pensent retourner un jour dans leur pays d'origine.

Avec la fin de la prospérité, à partir du milieu des années 1970, la France n'a plus besoin de ces immigrés. La crise économique fait apparaître le chômage. La politique d'immigration s'inverse. Non seulement l'appel aux immigrants s'arrête et les portes se ferment, mais la France favorise le retour dans leur pays des étrangers qu'elle avait fait venir. Seuls les proches de ceux qui souhaitent rester sont autorisés à les rejoindre au titre du « regroupement familial ».

Quelle que soit la période, la présence des étrangers est bonne pour l'économie. Ils aident à la production nationale et ils consomment. Mais ils ne sont pas toujours bien acceptés, parce qu'ils ont des cultures différentes. L'intégration est difficile et les réactions d'hostilité (xénophobie, racisme) créent parfois des tensions.

Info +
La xénophobie est la peur de l'étranger. Le racisme, lui, établit une hiérarchie entre les personnes jugées supérieures et les autres.

Dans la seconde moitié du XXe siècle, la France a profité de l'immigration pour se reconstruire. Aujourd'hui, elle n'a plus d'activités à offrir à ceux qui se présentent à ses frontières, mais elle doit sa reconnaissance à ceux qui ont aidé à son redressement.

▶ 2.

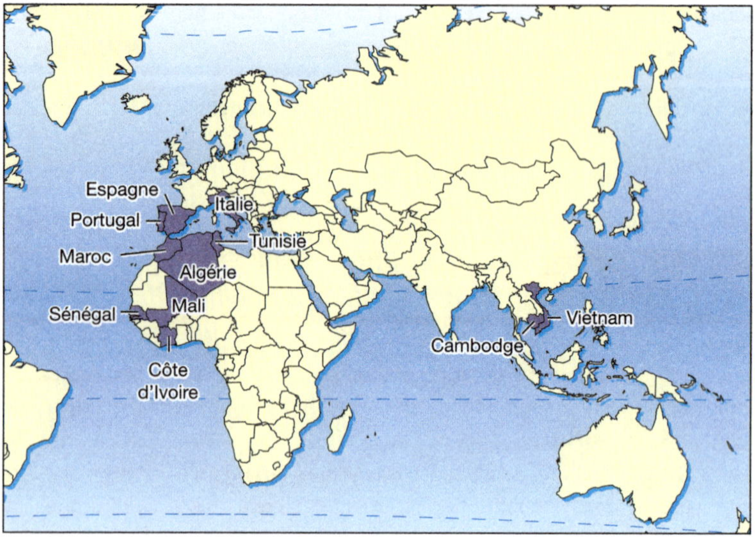
Espagne
Portugal
Maroc
Italie
Tunisie
Algérie
Mali
Sénégal
Côte d'Ivoire
Vietnam
Cambodge

Sujet inédit

MAÎTRISER LES DIFFÉRENTS LANGAGES • 20 points

Les réformes sociales et culturelles des années 1970 à 2000

▶ **1.** Sous la forme d'un développement construit d'une vingtaine de lignes et après avoir décrit le contexte politique de l'année 1981, décrivez les grandes réformes (sociales, culturelles, judiciaires) prises en 1981-1982. Expliquez si elles ont été complétées ou remises en cause depuis cette date.

▶ **2.** Complétez la frise ci-dessous sur les grandes réformes concernant les femmes et les jeunes. Précisez les événements déjà placés sur la frise en complétant les textes. Ajouter les événements suivants en les plaçant correctement sur la frise : loi Veil qui donne droit à l'interruption volontaire de grossesse ; loi sur la parité homme-femme en politique.

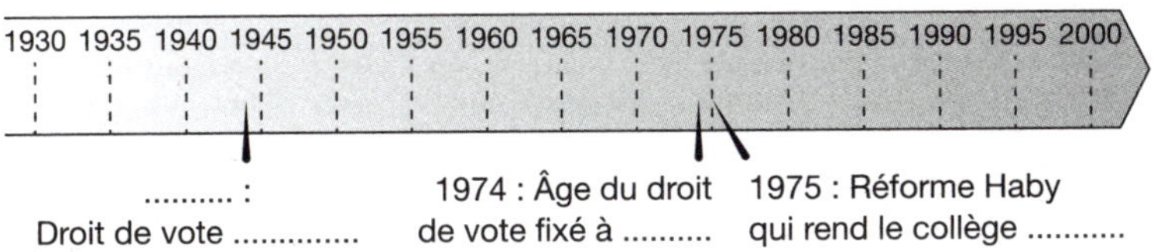

LES CLÉS DU SUJET

▶ **1.** En introduction, évoque le changement politique de 1981. Précise le nom du nouveau président de la République et celui de son parti politique. Recense et classe au brouillon les réformes que tu connais en deux catégories au moins.

En rédigeant ton développement, consacre un paragraphe par catégorie de réforme. Pour chaque réforme, formule en une phrase ce qu'elle recouvre. Fais un nouveau paragraphe pour distinguer les mesures qui existent toujours et celles qui ont changé. Aujourd'hui, la France est confrontée à des difficultés (déficits, dettes, chômage, faible croissance). Fais appel à tes connaissances pour expliquer les remises en cause ou résistances.

CORRIGÉ 18

▶ **1.** En 1981 ont lieu des élections présidentielles. Candidat du parti socialiste et défenseur d'un programme commun de la gauche, F. Mitterrand est élu. C'est l'alternance politique, une situation qui donne l'occasion de grandes réformes sociales et culturelles.

> **Info +**
> Le programme commun de la gauche était soutenu par le PS, le PCF et les Radicaux de gauche.

Sur le plan social, la durée du travail passe de 40 à 39 heures, l'âge de retraite est fixé à 60 ans, une cinquième semaine de congés payés est accordée aux salariés. Les lois Auroux renforcent les droits des employés. Le salaire minimum et les allocations sont augmentés. Pour financer ces dépenses, un impôt sur la fortune est institué.

Sur le plan judiciaire, la peine de mort est abolie. Les comportements homosexuels sont dépénalisés. Dans le domaine des médias, les radios libres sont autorisées, une plus grande liberté d'expression est permise.

> **Info +**
> Selon les sondages, un Français sur deux souhaite le rétablissement de la peine de mort.

Même contestées – telle la peine de mort – beaucoup de ces réformes sont toujours en place. Les 39 heures ont même été réduites à 35, le mariage entre personnes du même sexe a été voté en 2013. Mais les difficultés économiques en ont remis certaines en cause. En 1986, l'ISF a été supprimé avant d'être restauré ; il est toujours contesté. L'âge de la retraite a été repoussé en fonction du nombre d'années de cotisation. Les chefs d'entreprises contestent la durée du travail et souhaiteraient le retour aux 39 heures, voire 40.

Sur le plan social et culturel, la France s'est montrée généreuse ; mais la crise économique provoque des tensions qui ne facilitent pas la poursuite des réformes dans ces domaines.

▶ **2.**

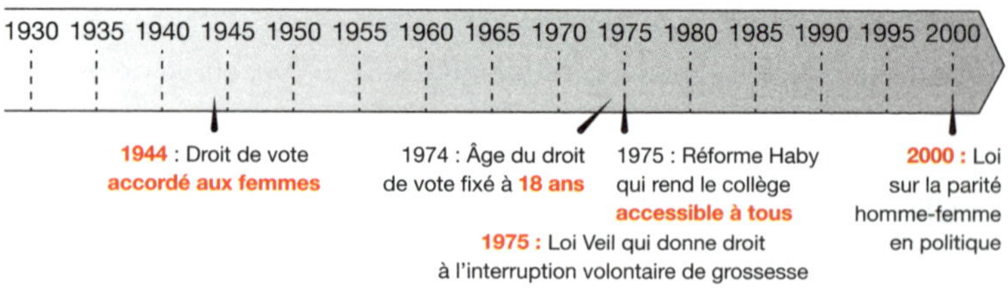

SUJET 19

D'après France métropolitaine • Juin 2015

ANALYSER UN DOCUMENT • 20 points

L'étalement urbain et les mobilités

DOCUMENT **Étalement urbain et mobilités à Angoulême**

Le phénomène de périurbanisation est fort à Angoulême et dure depuis plusieurs décennies. Pendant 50 ans, l'expansion démographique s'est faite davantage par étalement que par densification de la ville-centre. Alors qu'Angoulême voit sa population diminuer légèrement, les communes de la périphérie enregistrent de fortes hausses. Cette tendance s'est même amplifiée sur la période 1999-2010. Si ce phénomène de périurbanisation s'explique par un meilleur cadre de vie dans le périurbain avec la possibilité de vivre en maison individuelle, il peut également être motivé par une fiscalité[1] locale plus attractive.

En s'installant loin des villes, les familles allongent pourtant leurs déplacements, non seulement pour se rendre au travail mais aussi pour accéder aux équipements (achats, démarches, loisirs).

Un des objectifs de la loi Grenelle[2] sur les transports durables est d'ouvrir la voie à de nouvelles façons de se déplacer : développement des transports collectifs avec l'aide de l'État, mise en place d'un plan véhicule électrique, développement du covoiturage.

D'après le site de l'Insee, Décimal n° 325, avril 2013.

1. Fiscalité : impôts.
2. Loi Grenelle : ensemble des mesures en faveur du développement durable (2009-2010).

GÉOGRAPHIE

▶ **1.** D'après le texte, citez pour cette aire urbaine :
- un espace qui gagne des habitants ;
- un espace qui perd des habitants.

▶ **2.** Dans le texte, relevez deux raisons qui expliquent la périurbanisation.

▶ **3.** Dans le texte, soulignez la phrase qui montre qu'à Angoulême, comme dans les autres agglomérations françaises, l'espace urbain tend à devenir moins dense.

▶ **4.** À l'aide du texte et de vos connaissances, décrivez une conséquence de la périurbanisation.

LES CLÉS DU SUJET

■ Comprendre le document

Le document est un texte tiré d'une publication régionale de l'Insee (ici, la région Poitou-Charentes, ce qui explique qu'on y analyse l'étalement urbain et les mobilités à Angoulême). N'hésite pas à surligner les mots-clés du texte, ce qui te permettra de les réutiliser facilement. Ici : étalement urbain, mobilités, périurbanisation, ville-centre, périphérie, cadre de vie, fiscalité et transports durables.

■ Répondre aux questions

▶ **1.** et **2.** Comme souvent la première question renvoie au premier paragraphe, la deuxième question au deuxième paragraphe du texte. Cherche en utilisant les mots-clés habitants/population ou gagne/perd, augmenter/diminuer, hausse/baisse. Pour la question **2.**, repère le mot-clé « expliquer ».

▶ **4.** Une question sur les conséquences de la périurbanisation. Les données essentielles sont dans la deuxième partie du texte, mais tu peux développer un peu en utilisant des connaissances de ton cours. Insiste notamment sur les problématiques de développement durable, qui sont au cœur de la question.

CORRIGÉ 19

▶ **1.** Dans l'aire urbaine d'Angoulême, la ville-centre enregistre une légère baisse du nombre d'habitants, alors que dans les communes périurbaines (« de la périphérie ») le nombre d'habitants est en forte hausse.

▶ **2.** D'après le texte, la périurbanisation s'explique, d'une part, par l'attractivité du cadre de vie, notamment avec la possibilité d'avoir une maison individuelle en raison de prix immobiliers inférieurs, et d'autre part, par « une fiscalité locale plus attractive ».

▶ **3.** La phrase à souligner dans le texte est : « L'expansion démographique s'est faite davantage par étalement que par densification de la ville-centre. »

▶ **4.** Une conséquence du mode de vie périurbain est l'augmentation des mobilités : les populations, qui vivent en périphérie des aires urbaines, doivent se rendre pour travailler dans les centres-villes ou les zones d'activités qui bordent l'agglomération. Cette dissociation habitat/travail entraîne des migrations pendulaires massives, qui congestionnent les axes de transport pourtant performants des grandes aires urbaines aux heures de pointe : le matin pour aller au travail, le soir pour en revenir. La périurbanisation s'accompagne donc de congestions importantes, sources de pertes de temps, de dépenses d'énergie et de pollutions. La périurbanisation est ainsi un enjeu majeur de développement durable.

SUJET

20

D'après Liban • Juin 2015

ANALYSER UN DOCUMENT • 20 points

Les migrations pendulaires

DOCUMENT **Temps moyen de déplacement domicile-travail en heures pleines (par aire urbaine et département)**

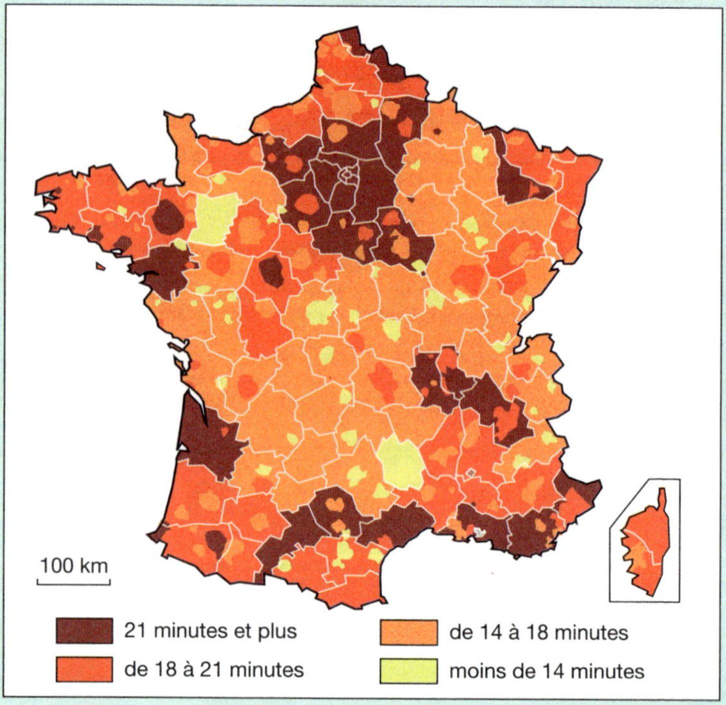

DATAR d'après Insee (2006), carte publiée sur le site du ministère de l'Écologie, du Développement durable et de l'Énergie.

▶ **1.** Sans recopier le titre de la carte, expliquez quel est le thème de celle-ci.

▶ **2.** Entourez et nommez sur la carte deux grandes aires urbaines.

▶ **3.** Que vous apprend la carte sur le temps de trajet domicile-travail dans les aires urbaines ? Comment l'expliquez-vous ?

▶ **4.** Selon vous, pourquoi cette carte est-elle publiée sur le site du ministère de l'Écologie, du Développement durable et de l'Énergie ?

LES CLÉS DU SUJET

Comprendre le document

Le document est une carte des mobilités qui représente, à l'échelle des aires urbaines et des départements, les temps de trajets domicile-travail. Observe attentivement la carte en tâchant d'y repérer les grandes aires urbaines du pays : tu en auras d'ailleurs besoin pour la question **2.**

Répondre aux questions

▶ **1.** Indique le sujet de la carte en utilisant des mots-clés qui ne figurent pas dans le titre, par exemple « mobilités » et « migrations pendulaires ».

▶ **2.** Les aires urbaines sont assez faciles à repérer : ce sont les taches les plus foncées. Plusieurs choix sont possibles. N'oublie pas, une fois que tu les as entourées, d'indiquer leur nom. Fais tout de même attention aux localisations !

▶ **3.** Prends soin de séparer la première partie de la question (que nous montre le temps de trajet ?) de la deuxième partie (comment l'expliquer ?). Il te faudra nommer le phénomène que tu as invoqué pour expliquer ces temps de trajet.

▶ **4.** Une petite question de réflexion sur le développement durable, ici sur les pollutions engendrées par un mode de vie périurbain.

CORRIGÉ 20

▶ **1.** La carte traite des mobilités domicile-travail, que l'on peut qualifier de migrations pendulaires.

▶ **2.**

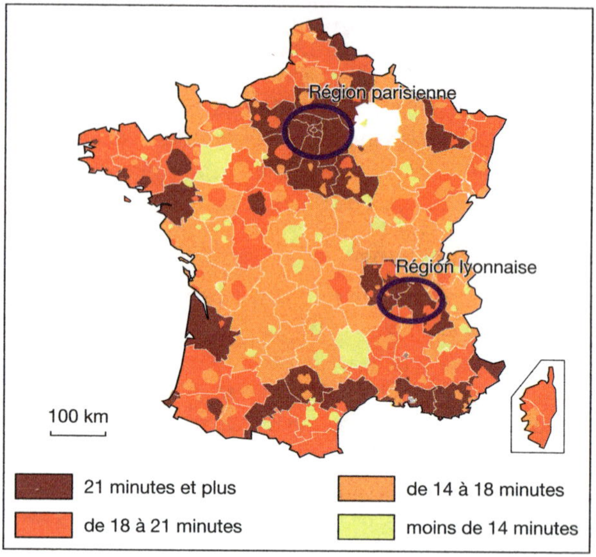

▶ **3.** La carte montre bien que les temps de trajet domicile-travail sont plus élevés dans les aires urbaines que dans le reste du territoire : les couleurs foncées coïncident en effet avec les grandes régions urbaines : régions parisienne, lyonnaise, lilloise, etc.

Ces temps de trajet supérieurs sont liés aux importantes mobilités qu'entraîne le mode de vie périurbain. La dissociation habitat/travail entraîne des migrations pendulaires massives, qui congestionnent les axes de transport aux heures de pointe. La périurbanisation s'accompagne donc de congestions importantes, causant pertes de temps et pollutions.

▶ **4.** Cette carte est publiée sur le site du ministère de l'Écologie, du Développement durable et de l'Énergie, car ce mode de vie périurbain génère des pollutions majeures (atmosphérique, sonore, visuelle), des pertes de temps considérables, des dépenses énergétiques conséquentes. Ce sont là des problématiques de développement durable qui concernent donc au premier chef le ministère. Celui-ci essaie de communiquer sur ces problèmes, probablement pour valoriser les transports en commun.

Sujet inédit

MAÎTRISER LES DIFFÉRENTS LANGAGES • 20 points

La mondialisation et le système urbain français

▶ **1.** Sous la forme d'un développement construit d'une vingtaine de lignes et en vous appuyant sur les exemples étudiés en classe, vous analyserez comment la mondialisation influence le système urbain français.

▶ **2.** Complétez le schéma d'une aire urbaine suivant :
– complétez la légende ;
– représentez sur le schéma les déplacements quotidiens des habitants.

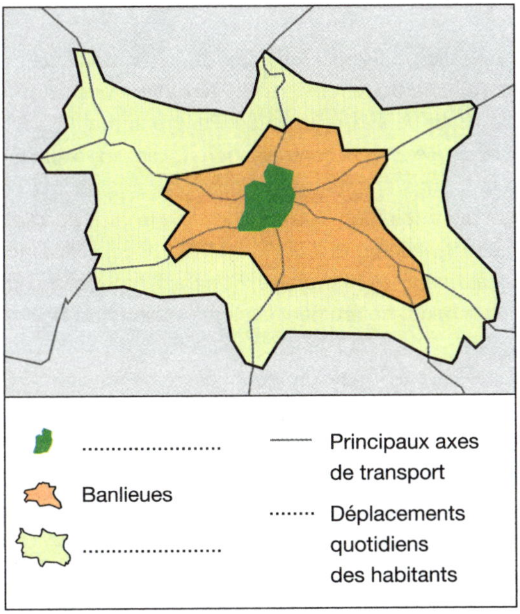

LES CLÉS DU SUJET

▶ **1.** On te demande d'analyser le « système urbain », cela signifie que tu dois mettre l'accent sur la hiérarchie urbaine et les relations entre les aires urbaines. À chacune de ses échelles (Paris, métropoles, villes petites et moyennes), le réseau urbain est touché de façon différente par les processus de mondialisation.

Tu peux donc construire ton développement en analysant tour à tour les différents niveaux d'échelle : commence par décrire la tête du réseau urbain, Paris, ville mondiale ; présente ensuite le niveau des métropoles régionales hors Paris ; termine enfin par les villes petites et moyennes. À chacun de ces niveaux, mets ton propos en relation avec la mondialisation.

CORRIGÉ 21

▶ **1.** La mondialisation privilégie les lieux de commandement connectés, la métropolisation touche donc fortement le territoire français et favorise avant tout la capitale, Paris. L'aire urbaine de Paris compte 12,4 millions d'habitants. Héritière de mille ans de centralisation royale, impériale et républicaine, la capitale de la France concentre les fonctions supérieures de l'État. Paris abrite à présent aussi les fonctions de commandement du capitalisme mondialisé. La région-capitale produit 30 % du PIB français. Ville mondiale hyperconnectée aux autres villes mondiales, Paris est l'interface primaire du pays avec le reste du monde, notamment *via* les aéroports de Roissy-Charles-de-Gaulle et Orly.

> **Info +**
> La loi MAPTAM, de Modernisation de l'action publique territoriale et d'affirmation des métropoles, du 27 janvier 2014, a notamment créé le statut de métropole et vise à en développer les compétences.

Hors Paris, le territoire français est structuré par un réseau de métropoles régionales, qui dominent et organisent le système urbain. 14 d'entre elles bénéficient du statut de métropole aux compétences élargies par la loi MAPTAM. Dans sa stratégie de développement, chaque métropole s'efforce d'attirer le plus grand nombre d'activités grâce à des projets d'équipement et des plans de communication. Les métropoles dominent donc de plus en plus fortement leur espace régional. Elles développent également des relations hors de leur système régional, avec d'autres métropoles, françaises ou européennes. Les coopérations transfrontalières sont largement sollicitées, par exemple Lille avec la Belgique ou Mulhouse avec la métropole suisse de Bâle.

Les villes petites et moyennes (moins de 100 000 habitants) tissent en France un réseau de chefs-lieux de cantons et de départements. Dans ces villes sont surreprésentés les activités industrielles, les services aux populations et l'économie résidentielle. Or, la mondialisation a largement détruit les industries les moins compétitives. Les deux tiers des villes petites et moyennes perdent aujourd'hui des habitants. Ces villes petites et moyennes sont devenues dépendantes de leur proximité avec une métropole, surtout dans les régions dynamiques : les villes petites et moyennes du sud et de l'ouest continuent ainsi de gagner des habitants.

▶ 2.

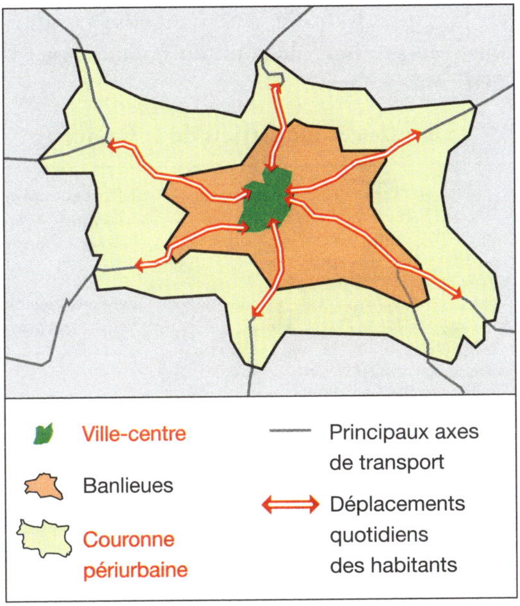

SUJET
22

Sujet inédit

MAÎTRISER LES DIFFÉRENTS LANGAGES • 20 points

Les espaces productifs industriels français et la mondialisation

▶ **1.** Sous la forme d'un développement construit d'une vingtaine de lignes et en vous appuyant sur les exemples étudiés en classe, expliquez comment les espaces productifs industriels français s'adaptent aux défis de la mondialisation.

▶ **2.** Complétez la carte suivante en entourant cinq grands espaces industriels, dont vous préciserez le nom. Puis nommez sur la carte trois grands ports maritimes français.

Les espaces industriels de la France

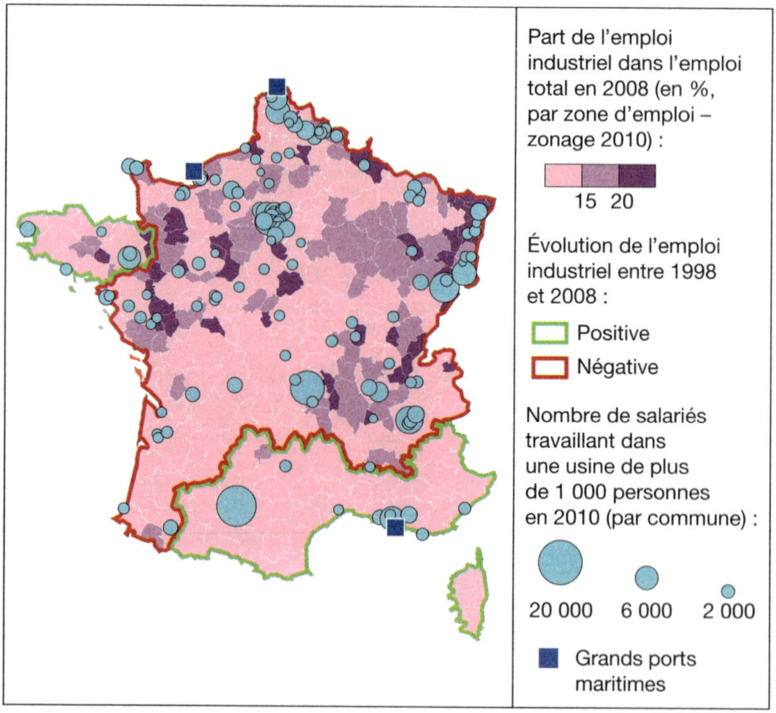

LES CLÉS DU SUJET

▶ **1.** Commence par poser la question centrale du déclin industriel français.
Analyse ensuite les mutations des espaces industriels français sous l'effet de la compétition internationale.
Décris enfin les formes métropolitaines de l'industrie actuelle.

CORRIGÉ 22

▶ **1.** Face à la mondialisation, la France est-elle en voie de désindustrialisation ? En effet, l'industrie ne crée plus que 12,5 % de la valeur ajoutée nationale et 2 millions d'emplois industriels ont été détruits depuis 2007 ! L'industrie française manque de compétitivité.

> **Conseil**
> Il faut apprendre quelques chiffres pour démontrer une idée.

Néanmoins, les espaces industriels ont évolué pour s'adapter à la concurrence internationale. La mondialisation a entraîné le déclin des activités industrielles traditionnelles dans les régions du nord et de l'est. Mais de nouvelles activités, liées aux investissements directs étrangers, s'y sont développées. Les espaces littoraux ont bénéficié de la maritimisation de l'économie (ports de Marseille, Le Havre et Dunkerque) : les activités industrielles ont fleuri dans les zones industrialo-portuaires, malgré une forte concurrence européenne et mondiale.

En outre, la France conserve des atouts grâce à ses métropoles, en développant les activités en clusters et pôles de compétitivité. La région parisienne est la première région industrielle française, devant Lyon.

▶ 2.

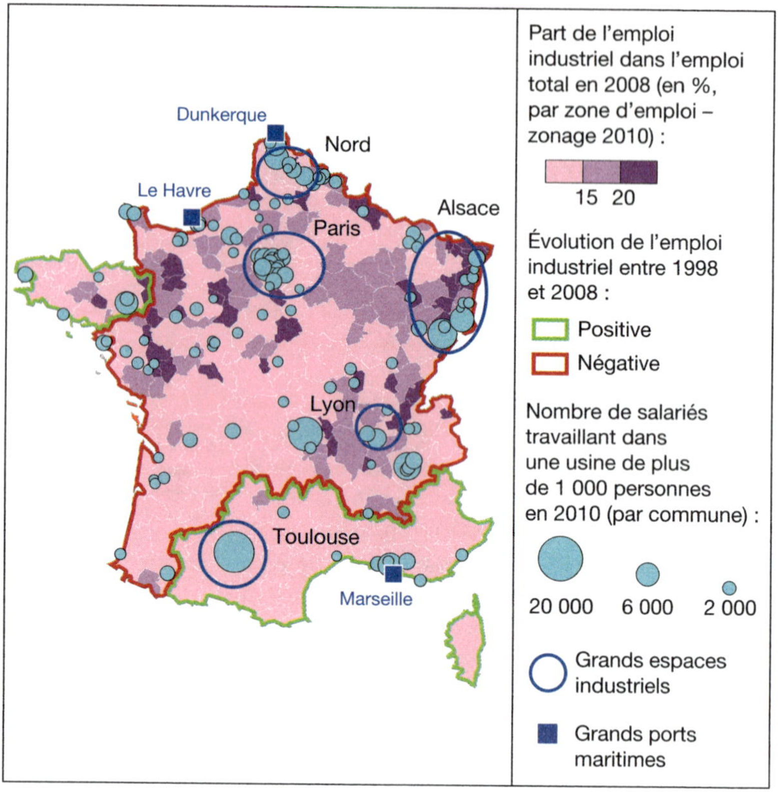
Dunkerque
Nord
Le Havre
Paris
Alsace
Lyon
Toulouse
Marseille
Part de l'emploi industriel dans l'emploi total en 2008 (en %, par zone d'emploi – zonage 2010) :
15 20
Évolution de l'emploi industriel entre 1998 et 2008 :
Positive
Négative
Nombre de salariés travaillant dans une usine de plus de 1 000 personnes en 2010 (par commune) :
20 000
6 000
2 000
Grands espaces industriels
Grands ports maritimes

SUJET **23**

Sujet inédit

ANALYSER UN DOCUMENT • 20 points

Les espaces agricoles français

DOCUMENT Carte des espaces agricoles français

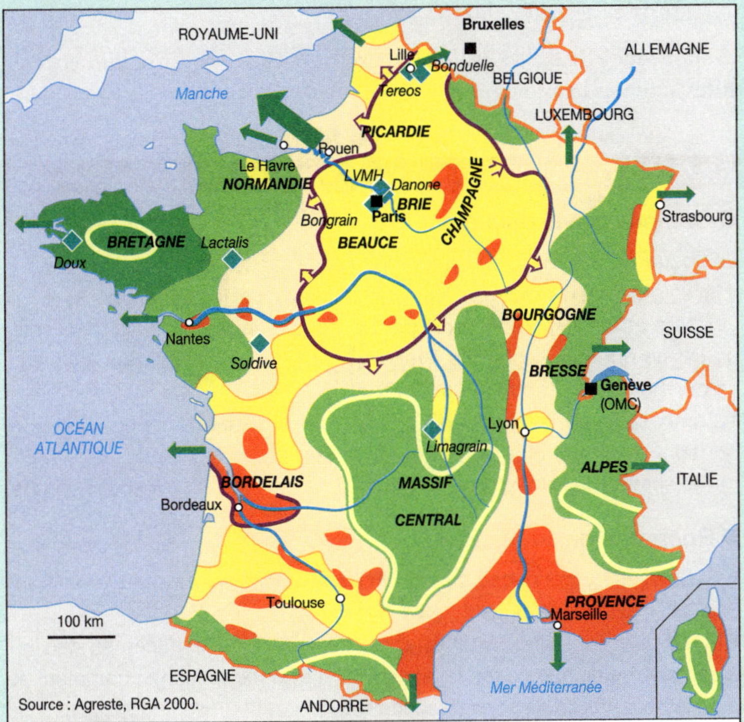

Source : Agreste, RGA 2000.

Orientations de la production
- Grandes cultures (dominante céréalière)
- Élevage intensif
- Élevage plus ou moins extensif
- Polyculture, élevage
- Cultures spécialisées (vignes, fruits, légumes)

Tendances de l'évolution
- Tendance à l'expansion de la grande culture
- Limites des régions où les exploitations ont le plus fort potentiel économique
- Forte proportion de landes et de friches

Des espaces intégrés aux marchés européens et mondiaux
- Villes exerçant une forte influence sur les activités agricoles
- Principaux flux d'exportation de produits agroalimentaires
- *Doux* Quelques exemples d'entreprises du secteur agroalimentaire présentes sur les marchés européen et mondial (sièges sociaux)

▶ **1.** Quelle est la grande région de production céréalière française ? Qu'est-ce qui montre son dynamisme ? Par où le blé est-il exporté ?

▶ **2.** Quels sont les espaces agricoles en déclin ?

▶ **3.** Quelle est la production agricole commune au Bordelais, à la Bourgogne et à la Champagne ? S'agit-il d'activités dynamiques ? Justifiez votre réponse.

▶ **4.** Qu'est-ce qui montre que l'agriculture française est intégrée aux industries agroalimentaires ?

▶ **5.** Pourquoi Bruxelles et Genève exercent-elles une forte influence sur les activités agricoles ?

LES CLÉS DU SUJET

■ Comprendre le document

Le document est une carte de synthèse des espaces agricoles français. On y lit les grandes orientations régionales, mais aussi les dynamiques.

Observe attentivement les trois parties de la légende. Dans la deuxième, qu'est-ce qui représente une évolution positive, une expansion ? Qu'est-ce qui marque au contraire un repli ?

Tu peux surligner les mots-clés figurant dans les questions et noter ceux qui sont évoqués, afin de trouver plus facilement les réponses. Repère par exemple : céréalière – exportation – friches – vignes – agroalimentaire.

■ Répondre aux questions

▶ **1.** Quel est le débouché naturel du Bassin parisien ? Par où le blé français est-il exporté vers les marchés mondiaux ?

▶ **2.** La question est plus difficile, car l'expression « espaces en déclin » n'est pas mentionnée dans la légende. Il faut donc réfléchir : comment se manifeste le déclin, la déprise agricole ?

▶ **3.** C'est presque une question de culture (sans jeu de mots) ! Qu'est-ce qu'une « activité dynamique » ? C'est une activité qui génère de l'emploi, des revenus, des courants commerciaux, et même de l'exportation.

▶ **4.** Rappelle-toi que l'agriculture française est en fait un complexe agro-industriel. Comment appelle-t-on les industries qui transforment les produits agricoles en produits directement consommables ? Peux-tu repérer dans la légende la présence de ce secteur d'activité ?

▶ **5.** Quelles sont les institutions qui ont leur siège à Bruxelles ? Et à Genève ? Quel est le rapport avec les activités agricoles ?

CORRIGÉ 23

▶ **1.** La grande région céréalière française est le Bassin parisien, en particulier la Beauce. Ses activités de grande culture sont particulièrement dynamiques, car elles progressent sur les marges du Bassin parisien, par exemple vers la Lorraine ou le pays de Caux, en Normandie.

Le blé est ensuite exporté par le port de Rouen, premier port céréalier d'Europe. La France est l'un des tout premiers exportateurs mondiaux de blé et fournit en outre un blé meunier d'excellente qualité.

▶ **2.** Dans les espaces agricoles en déclin, landes et friches marquent les déprises, le recul de l'emprise humaine sur l'espace.

Sont concernées les régions intérieures des massifs montagneux (Alpes, Pyrénées, Massif central, Massif armoricain). Ces espaces souffrent des faibles densités, du vieillissement des exploitants, ainsi que de la faible rentabilité de leurs exploitations.

> **Astuce**
> Explique comment tu as identifié les espaces en déclin. Tu pourras ensuite les localiser.

▶ **3.** La production agricole commune au Bordelais, à la Bourgogne et à la Champagne est le vin. Ces régions possèdent des vignobles de qualité, célèbres dans le monde entier pour leurs vins rouges ou blancs (bourgogne et bordeaux) et leur vin pétillant qu'est le champagne. C'est pourquoi il s'agit d'activités dynamiques, avec une forte composante exportatrice.

▶ **4.** L'agriculture est intégrée dans un vaste complexe agro-industriel, comme le montrent les sièges sociaux de grandes entreprises de l'agroalimentaire (Limagrain dans les céréales, Doux dans la volaille), parfois transnationales (Danone dans les produits laitiers, LVMH dans les spiritueux).

▶ **5.** Bruxelles exerce une forte influence sur l'agriculture française, car c'est là qu'est discutée et votée la PAC (Politique agricole commune) qui organise les activités agricoles de l'UE. Genève est le siège de l'OMC (Organisation mondiale du commerce), où se règlent notamment les litiges commerciaux entre pays exportateurs.

> **Astuce**
> N'utilise pas d'abréviations sans les avoir développées entre parenthèses : tu pourras ensuite les réutiliser seules.

GÉOGRAPHIE

SUJET

24

D'après Antilles, Guyane • Juin 2013

ANALYSER UN DOCUMENT • 20 points

Le développement d'un tourisme de masse

DOCUMENT La Grande Motte vue du ciel

La Grande Motte est une station balnéaire qui a été construite à partir de 1965, dans le cadre d'un programme d'aménagement du littoral lancé par l'État français, pour développer un tourisme de masse dans la région Languedoc-Roussillon.

▶ **1.** Quelle est la nature de ce document ?

▶ **2.** Où se trouve La Grande Motte ?

▶ **3.** Placez sur le document les numéros correspondant aux éléments suivants :

- 1 Le centre-ville (résidences, hôtels, restaurants, commerces…)
- 2 Le port de plaisance
- 3 Les campings
- 4 Les plages
- 5 La mer Méditerranée

▶ **4.** Pourquoi les touristes sont-ils attirés par cet espace ?

▶ **5.** Quel acteur a été à l'origine de l'aménagement de cet espace pour le tourisme ?

▶ **6.** Citez des exemples d'emplois créés par le tourisme pour la population locale.

LES CLÉS DU SUJET

Comprendre le document

Le document est une photographie aérienne oblique. Toutes les photographies qui te seront proposées sont des archétypes, c'est-à-dire des images-exemples d'un phénomène géographique particulier. Il s'agira donc souvent de reconnaître sur l'image des données vues en cours.

Répondre aux questions

▶ **1.** Une ligne suffit. Contente-toi de répondre à la question sans développer la localisation. Celle-ci fait l'objet de la question suivante.

▶ **2.** Sois aussi précis que possible : tu peux t'aider de la légende de la photographie, mais ce sera mieux si tu apportes quelques connaissances supplémentaires.

▶ **3.** On te demande de reconnaître et d'identifier les différents éléments de la photographie. Commence par ce dont tu es certain(e), par exemple la mer Méditerranée et les plages.

▶ **4.** Fais la liste de tout ce qui peut amener des touristes en ce lieu. Tu peux t'aider de ton expérience personnelle… mais ne raconte pas tes vacances !

▶ **5.** La réponse figure dans la légende du document. Essaye de développer d'après tes connaissances personnelles si cela t'est possible.

▶ **6.** Aide-toi des éléments que l'on t'a demandé de placer sur la photographie et, là aussi, de ton expérience personnelle.

CORRIGÉ 24

▶ **1.** Le document est une photographie aérienne oblique.

▶ **2.** La Grande Motte est une station balnéaire, située dans la région Languedoc-Roussillon, sur la Méditerranée, à quelques kilomètres à l'est de l'aéroport de Montpellier.

▶ **3.** Placement des numéros : 1 en bas à droite ; 2 en haut au centre ; 3 en haut à droite ; 4 en bas à gauche ; 5 en haut à gauche.

▶ **4.** Les touristes sont attirés par l'espace de La Grande Motte en raison des aménités offertes :

• la mer Méditerranée, une mer chaude, qui permet les activités balnéaires ;

• l'assurance d'un été chaud et sec grâce au climat méditerranéen ;

• une certaine proximité – donc un moindre coût de transport – avec les zones de départ (région parisienne ou Europe du nord, par exemple) ;

• la présence d'un réseau de transport performant (aéroport, TGV et autoroute) ;

• la présence d'équipements touristiques (hébergements, restauration, port de plaisance, etc.) pour les activités balnéaires et nautiques.

Info +
Aménités : caractéristiques qui rendent un espace attractif, agréable à vivre.

▶ **5.** C'est l'État français qui fut à l'origine de ces aménagements qui ont fait de La Grande Motte une station de tourisme de masse. À partir de 1963, l'État a en effet planifié la construction d'un ensemble de stations balnéaires en Languedoc-Roussillon (Port-Camargue, Le Cap d'Agde, Gruissan, Port-Leucate, Port-Barcarès), lançant ainsi le développement touristique régional tout en désengorgeant la Côte d'Azur saturée.

Gagne des points
Si tu connais d'autres aménagements touristiques de ce genre, n'hésite pas à les citer : cela rendra ta copie plus fournie, et fera donc monter la note.

▶ **6.** Le tourisme a créé de nombreux emplois : plagistes, restaurateurs, hôteliers, commerçants de toutes sortes, ainsi que tous les emplois indirects suscités par l'afflux estival des touristes. Toutefois, nombre de ces emplois sont saisonniers, ce qui en limite sensiblement l'intérêt.

SUJET

25

Sujet inédit

MAÎTRISER LES DIFFÉRENTS LANGAGES • 20 points

Les bases du développement des espaces de faible densité

▶ **1.** Sous la forme d'un développement construit d'une vingtaine de lignes et en vous référant aux exemples étudiés en classe, expliquez sur quelles bases économiques peut s'appuyer le développement des espaces de faible densité.

▶ **2.** Observez la carte et trouvez le bon numéro pour chaque espace de faible densité mentionné sous la carte.

Les espaces de faible densité

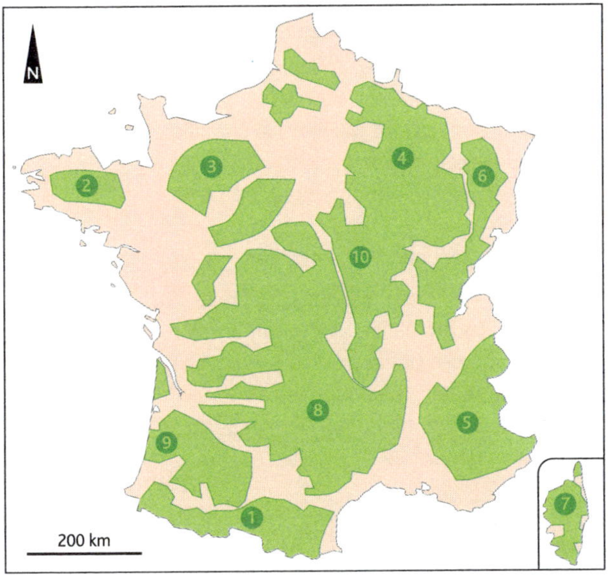

Intérieur breton =
Landes =
Intérieur normand =
Vosges =
Montagne corse =

Diagonale du vide (nord) =
Diagonale du vide (sud) =
Morvan =
Pyrénées =
Alpes du Sud =

GÉOGRAPHIE

LES CLÉS DU SUJET

▶ **1.** Réfléchis aux caractéristiques des espaces de faible densité : ce sont des espaces presque exclusivement ruraux, donc agricoles.
Quelles sont les nouvelles activités liées au développement durable ?
Développe les aspects liés aux aménités : as-tu déjà fait du « tourisme vert » ?

CORRIGÉ 25

▶ **1.** Le développement des espaces de faible densité, espaces ruraux par excellence, s'appuie tout d'abord sur l'agriculture. Dans l'est du Bassin parisien, des systèmes intégrés se sont développés, tournés vers l'exportation, avec des exploitations fortement modernisées grâce à la PAC. Plus récemment sont apparues de nouvelles pratiques, tournées vers des productions de qualité, qui vendent leurs produits sur des marchés de proximité.

Les espaces de faible densité profitent aussi de l'émergence des problématiques de développement durable. L'étendue de l'espace permet l'exploitation de la forêt ou le développement des énergies renouvelables (éolien et solaire photovoltaïque), gourmandes en surface au sol. L'espace rural est désormais perçu de façon beaucoup plus positive.

Conseil
Efforce-toi de citer quelques exemples localisés, afin de donner de la précision à ton propos.

Enfin, les espaces de faible densité apparaissent aussi comme des lieux récréatifs, fondés sur la valorisation de leurs ressources patrimoniales culturelles et naturelles, le tourisme vert. L'économie résidentielle profite du regain démographique qui touche certains espaces de la faible densité.

Conseil
N'oublie pas de montrer en quoi ces activités de production d'énergie tirent profit de la faible densité, donc de l'abondance de l'espace.

▶ **2.**

Intérieur breton = 2

Landes = 9

Intérieur normand = 3

Vosges = 6

Montagne corse = 7

Diagonale du vide (nord) = 4

Diagonale du vide (sud) = 8

Morvan = 10

Pyrénées = 1

Alpes du Sud = 5

Sujet inédit
ANALYSER UN DOCUMENT • 20 points

Les espaces de faible densité

▶ **1.** Observez la carte du document 1 (voir page suivante) et complétez le tableau suivant en indiquant pour chaque lettre le nom de l'espace correspondant.

A	
B	
C	
D	
E	
F	

▶ **2.** Que représente le document 2 (voir page suivante) ? Que signifie, pour une commune, être en blanc sur cette carte ?

▶ **3.** Montrez, en utilisant au moins un exemple visible sur les cartes, que les espaces de faible densité souffrent d'une faible accessibilité.

▶ **4.** Analysez le contre-exemple référencé « B » sur la carte : comment pouvez-vous expliquer son accessibilité ?

▶ **5.** Expliquez pourquoi il ne suffit pas d'être proche d'une autoroute pour bénéficier d'une bonne accessibilité. Comment s'appelle cet effet géographique ?

DOCUMENT 1 La France des faibles densités démographiques

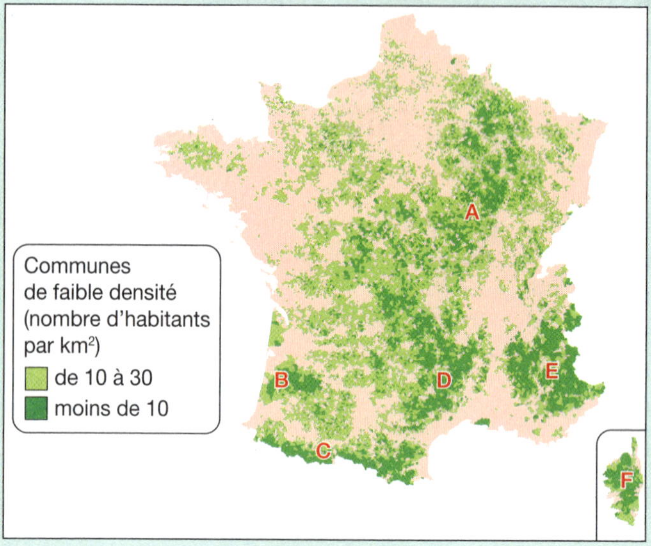

DOCUMENT 2 L'accessibilité des territoires par autoroute (2000-2004-2009)

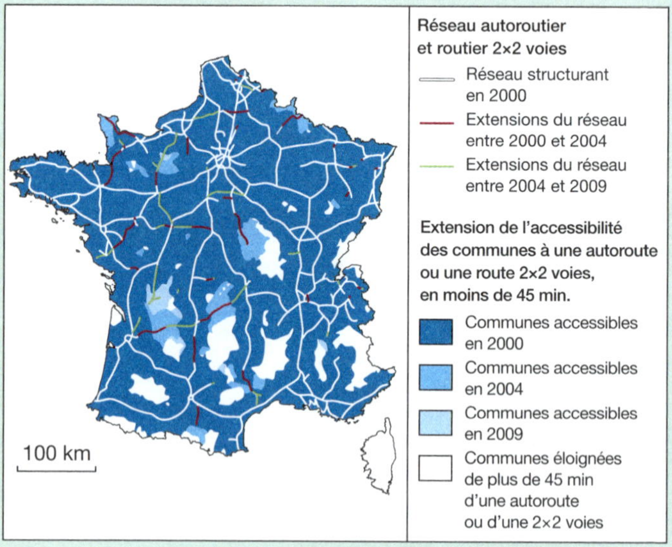

LES CLÉS DU SUJET

Comprendre les documents

• La carte du document 1 représente les communes françaises de faible densité (moins de 30 hab./km^2) et celles désertifiées (moins de 10 hab./km^2).

• La carte du document 2 représente les autoroutes existantes en France en 2000, celles construites entre 2000 et 2004, puis celles construites entre 2004 et 2009. En fonction des extensions du réseau autoroutier, l'accessibilité du territoire français s'améliore.

Répondre aux questions

▶ **1.** Donne des noms géographiques (ex. : Alpes du Sud) plutôt qu'administratifs (ex. : région PACA).

▶ **3.** Repère les zones de faible densité (carte 1) et montre leur faible accessibilité (carte 2). Trace quelques traits à la règle en prenant des points de repères, cela facilitera ton analyse.

▶ **4.** La zone B est traversée par une autoroute. Quels facteurs peuvent l'expliquer ? Cette autoroute sert-elle à desservir les Landes uniquement ?

▶ **5.** Mets-toi à la place d'un automobiliste : peut-il entrer sur l'autoroute en n'importe quel point ?

GÉOGRAPHIE

CORRIGÉ 26

▶ **1.**

A	Morvan
B	Forêt des Landes
C	Pyrénées
D	Sud du Massif central (Cévennes)
E	Alpes du Sud
F	Corse de l'intérieur

▶ **2.** Le document 2 est une carte représentant l'amélioration de l'accessibilité des territoires français par l'extension progressive du réseau autoroutier entre 2000, 2004 et 2009. Les communes en blanc sont celles dont l'accessibilité demeure faible : elles sont à plus de 45 minutes d'un échangeur autoroutier.

▶ **3.** La région D, qui est celle du sud du Massif central, et plus précisément des Cévennes, reste en blanc sur la carte 2 : les autoroutes contournent la région mais ne la desservent pas. Véritablement enclavée, à l'écart des réseaux à hautes performances, la région des Cévennes souffre donc d'une faible accessibilité.

Conseil
Dans une démonstration, même très courte, il faut conclure en reprenant les termes de la question.

▶ **4.** La région de la forêt des Landes (B), malgré sa faible densité, est traversée par une autoroute : située entièrement à moins de 45 minutes d'un échangeur, elle bénéficie donc d'une bonne accessibilité. Cela peut s'expliquer par le fait que l'autoroute qui traverse les Landes relie en fait les zones denses de la région bordelaise et du Pays Basque. La bonne accessibilité des Landes est une conséquence de sa position géographique.

▶ **5.** Il ne suffit pas d'être proche d'une autoroute pour bénéficier d'une bonne accessibilité. Les autoroutes ne sont en effet accessibles que par des points d'accès appelés échangeurs. Cet effet géographique selon lequel ce n'est pas la proximité du réseau mais la connexion à ce réseau qui fait l'accessibilité s'appelle l'effet-tunnel.

D'après Liban • Juin 2013

ANALYSER UN DOCUMENT • 20 points

L'ouverture d'une antenne du musée du Louvre à Lens

DOCUMENT **Inauguration d'une antenne du musée du Louvre à Lens (Nord-Pas-de-Calais)**

Le 12 décembre 2012, le musée du Louvre, basé au cœur de Paris, un des plus grands musées du monde qui possède de grands chefs-d'œuvre, a inauguré une antenne[1] dans la région Nord-Pas-de-Calais. Cette région est marquée par la désindustrialisation.

[…] Henri Loyrette (directeur du musée du Louvre) témoigne de ce que « tout le monde s'est accordé sur un choix […] qui s'imposait comme le plus juste. Ce qui est très frappant à Lens, c'est que l'on voit une ville qui a souffert de toutes les crises et de toutes les guerres. Elle a été presque complètement rasée durant celle de 1914. Le terrain porte lui-même les stigmates de la Première Guerre mondiale. Mais c'est aussi un paysage marqué par l'industrie et la mine, avec les deux plus grands terrils[2] d'Europe. »

Et la ville a d'autres atouts : sa situation d'abord, au centre du bassin minier, mais aussi proche de la Belgique, du sud de l'Angleterre, et desservie depuis Paris par TGV. Compte aussi pour Henri Loyrette l'absence d'autre institution culturelle alors que les autres villes ont déjà des musées.

Tous ont en tête « l'effet Bilbao », une région entière [au nord de l'Espagne] aux industries déclinantes sauvée par l'implantation d'une antenne du musée Guggenheim. […] Cela suffira-t-il pour que le miracle espagnol se reproduise à Lens ? Sur les seules trois premières années de son existence, le Guggenheim Bilbao avait généré entre 5 000 et 9 000 créations d'emplois directs ou indirects, selon les sources, et 600 millions d'euros injectés dans l'économie locale. Deux ingrédients sont réunis à Lens : un bâtiment d'exception, et des collections parmi les plus importantes au monde. Le tout pour un budget de 150 millions d'euros pour le musée, et 15 millions annuels pour son fonctionnement.

Or un musée seul ne suffit pas, s'il n'est accompagné des infrastructures, hôtelières notamment, qui feraient réellement profiter la région des retombées qu'il peut engendrer. À titre de comparaison, en dehors du Guggenheim, les autorités basques ont investi 735 millions d'euros dans l'aventure de Bilbao.

Harry Bellet, « Louvre-Lens : drôle d'endroit pour une révolution », *Le Monde*, 29 novembre 2012.

1. Antenne : annexe, succursale.
2. Terril : colline artificielle formée par les déchets issus de l'exploitation des mines.

▶ **1.** Quel est l'objectif, en termes d'aménagement du territoire, de l'installation d'une antenne du musée du Louvre à Lens ?

▶ **2.** Quels atouts la région Nord-Pas-de-Calais a-t-elle fait valoir pour obtenir l'installation d'une antenne du musée du Louvre ?

▶ **3.** Quel doute le journaliste émet-il sur la réussite du projet ?

▶ **4.** D'après vos connaissances, quel autre type d'aménagement peut permettre à la région Nord-Pas-de-Calais de compenser les effets négatifs de la désindustrialisation ?

LES CLÉS DU SUJET

■ Comprendre le document

Le document est un extrait d'un article paru dans le journal *Le Monde*, le 29 novembre 2012. Tu ne connais pas la région de Lens ? Moins encore « l'effet Bilbao » ? Pas de panique : presque tout ce que tu as besoin de savoir est dans le texte. En tête de l'article, on t'explique que Lens se situe dans la région Nord-Pas-de-Calais, une région « marquée par la désindustrialisation ». Cela devrait commencer à t'ouvrir des pistes, à te rappeler des thèmes vus en cours…

■ Répondre aux questions

▶ **1.** Qu'est-ce que l'aménagement du territoire ? Dans quelle mesure la région de Lens a-t-elle besoin d'une action volontariste d'aménagement ? À quel ensemble économique appartient-elle ?

▶ **2.** Recherche les atouts : le mot-clé est présent dans le texte. N'hésite pas à montrer à quel point la région a été cruellement éprouvée dans le passé et « s'impose » comme le choix « le plus juste ».

▶ **3.** Relis le dernier paragraphe : tout est-il prêt pour la réussite du projet ? Lens peut-elle être comparée à Bilbao, en tout cas pour le moment ?
▶ **4.** Rappelle-toi ce que tu as étudié dans la première partie du programme : la France est exposée à la mondialisation, ce qui peut aussi se traduire par des investissements directs étrangers.

CORRIGÉ 27

▶ **1.** L'aménagement du territoire consiste à favoriser, par divers moyens incitatifs ou réglementaires, le développement d'une partie du territoire. La région de Lens appartient au Nord-Pas-de-Calais, une région minière, pionnière lors de la première révolution industrielle, notamment en raison de son bassin charbonnier et de ses industries textiles, mais en crise depuis les années 1960. Un chômage massif y sévit. L'objectif de l'installation, à Lens, d'une antenne du musée du Louvre, est de trouver de nouveaux relais de croissance – ici dans le domaine culturel – capables de générer de l'emploi dans une région sinistrée à cet égard. C'est d'autant plus précieux que la culture a de nombreux effets induits fortement positifs, notamment sur la consommation locale.

▶ **2.** Parmi les atouts de Lens figurent d'abord sa situation au cœur du bassin minier, une position centrale qui favorise le rayonnement ; son caractère frontalier, sa proximité avec la Belgique et le Royaume-Uni ; son accessibilité, notamment *via* le TGV Paris-Londres-Bruxelles (Eurostar et Thalys). Enfin, il est aussi question de justice géographique : Lens ne bénéficie d'aucun autre équipement culturel de cette dimension et la ville a été maltraitée autant par la crise économique que par la Première Guerre mondiale, pendant laquelle elle fut occupée et rasée.

▶ **3.** Le journaliste émet pourtant certains doutes sur le sujet, doutes que rappelle le titre de l'article : « Louvre-Lens : drôle d'endroit pour une révolution ». L'analyse de l'exemple de Bilbao, apparemment comparable à Lens, montre que l'investissement local doit être soutenu, pour créer les infrastructures hôtelières manquantes et, par exemple, investir en termes d'image.

▶ **4.** Dans cette région durement éprouvée par la désindustrialisation, l'État a tenté de favoriser les investissements étrangers. L'installation de l'usine Toyota à Valenciennes ou, dans la région voisine de Lorraine, celle de l'usine Smart de Hambach, font partie de ces créations de sites industriels à capitaux étrangers. Elles permettent d'atténuer les effets négatifs du déclin des anciennes régions industrielles françaises, notamment des taux de chômage très supérieurs à la moyenne nationale.

Sujet inédit

MAÎTRISER LES DIFFÉRENTS LANGAGES • 20 points

Les inégalités entre territoires français

▶ **1.** Sous la forme d'un développement construit d'une vingtaine de lignes et en vous appuyant sur les exemples étudiés en classe, vous décrirez les types d'inégalités qui affectent le territoire français.

▶ **2.** Replacez chaque terme de la liste ci-dessous à la place qui lui convient dans la légende de la carte.

Dynamiques du territoire français

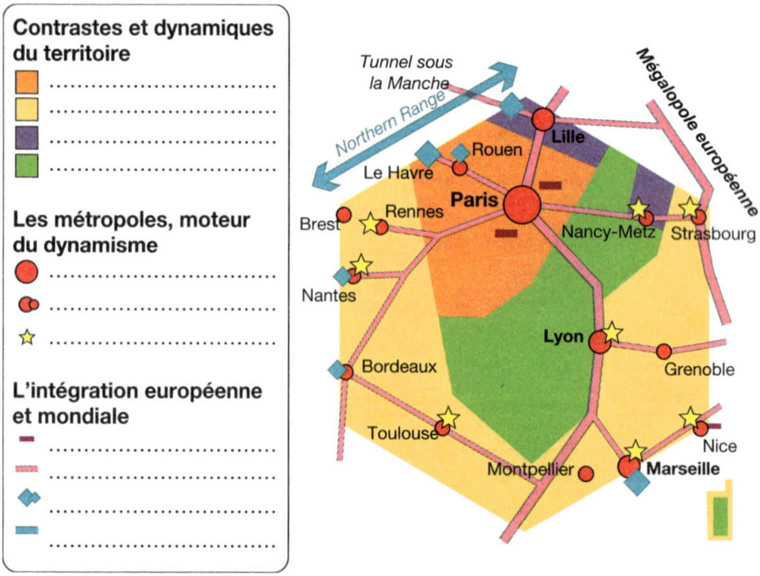

- Espace de faible densité
- Région industrielle en reconversion
- Périphérie dynamique
- Hub aéroportuaire mondial et régional
- Technopôle, centre d'innovation
- Le cœur du territoire
- Axe majeur à grande vitesse
- Principaux ports
- Métropole régionale
- Métropole mondiale
- Voie maritime mondiale

LES CLÉS DU SUJET

▶ **1.** Pour traiter comme il faut cette partie du programme, il faut décrire correctement les « inégalités croissantes entre territoires français ». Le plus simple est de consacrer une partie à chaque catégorie d'inégalités, sans oublier les inégalités spatiales (car c'est une épreuve de géographie !). Dans chaque partie, tu dois absolument penser aux différentes échelles d'analyse : à l'échelle nationale, tu peux comparer les régions entre elles ; à l'échelle départementale, ce sont les départements ; à des échelles plus fines, comme l'échelle communale ou infra-communale, tu peux, par exemple, examiner les inégalités entre les différentes parties d'une aire urbaine.

CORRIGÉ 28

▶ **1.** Si on mesure les inégalités sociales entre les territoires par le taux de pauvreté, de premières disparités apparaissent à l'échelle régionale : les régions méridionales et septentrionales sont les plus défavorisées. À l'échelle départementale, une même région – telle l'Île-de-France – peut regrouper les départements ayant le taux de pauvreté le plus faible (Yvelines, 9 %) et le plus fort (Seine-Saint-Denis, 27 %) du pays. Mais c'est à l'échelle communale et infra-communale que les inégalités sociales sont les plus grandes. Les communes qui comptent le plus de personnes pauvres sont les villes-centres des grandes aires urbaines. La seule aire urbaine de Paris concentre 20 % des Français vivant en dessous du seuil de pauvreté.

Conseil
Chaque partie doit, de préférence, commencer par une phrase indiquant l'idée principale que tu vas développer : inégalités sociales, économiques, spatiales.

Les inégalités entre territoires sont aussi des inégalités économiques, mesurables par l'emploi, notamment celui des cadres qui représente les deux tiers de la croissance de l'emploi. Les régions qui connaissent la plus forte croissance de ces cadres sont les régions dynamiques : atlantiques, méridionales, alpines, et l'Île-de-France. À l'inverse, les régions les moins dynamiques sont la Lorraine et les régions de la « diagonale du vide ». À une autre échelle, la croissance du nombre de cadres profite aux capitales régionales beaucoup plus qu'aux villes petites et moyennes.

Les inégalités entre territoires sont enfin des inégalités spatiales. Elles se mesurent dans l'accès des populations aux services, notamment ceux de la vie courante (supermarché, école, établissement de soins). Là encore, les inégalités sont croissantes et mesurables à toutes les échelles. Dans les régions très urbanisées (Île-de-France, PACA), la quasi-totalité des habitants accède aux services en moins de sept minutes. Mais c'est le cas pour moins de la moitié de la population en Corse. Les différences sont plus importantes encore entre les grands espaces urbanisés, notamment les métropoles, et le reste du territoire, un phénomène qu'aggravent les contraintes de relief (Pyrénées, Alpes du Sud).

▶ 2.

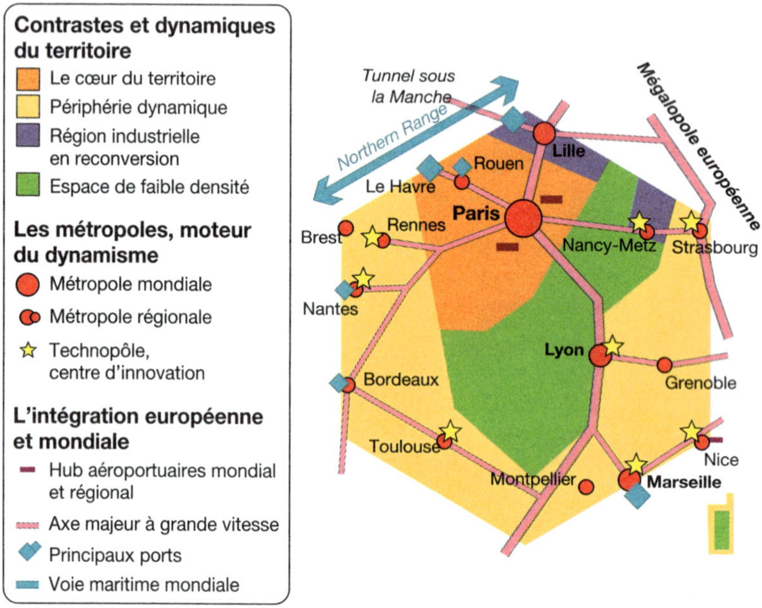

SUJET

29

Sujet inédit

MAÎTRISER LES DIFFÉRENTS LANGAGES • 20 points

Compenser les inégalités territoriales de l'outre-mer

▶ **1.** Sous la forme d'un développement construit d'une vingtaine de lignes et en vous appuyant sur les exemples étudiés en classe, vous expliquerez comment les pouvoirs publics, de la France et aussi de l'UE, tentent de compenser les inégalités territoriales qui affectent l'outre-mer.

▶ **2.** Dans les cadres correspondants, localisez et nommez cinq DROM en rouge et trois COM dans une autre couleur.

La France ultramarine

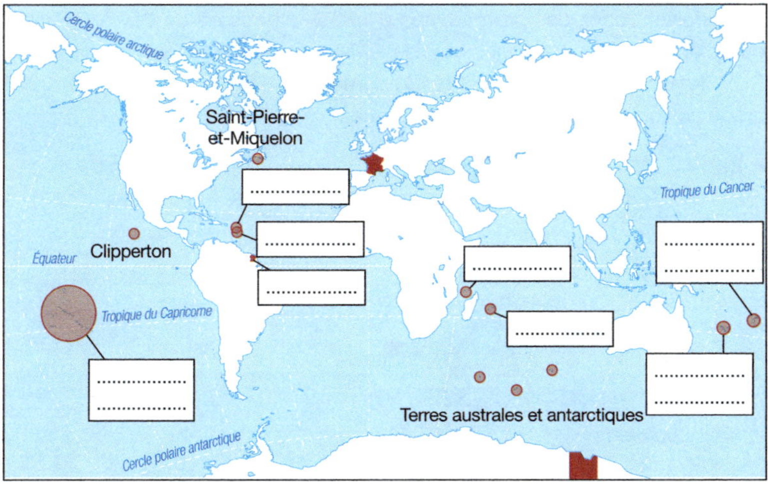

LES CLÉS DU SUJET

▶ **1.** Analyse les politiques françaises et européennes d'aménagement. Donne quelques exemples d'aménagement et des résultats.

CORRIGÉ 29

▶ **1.** La France met en œuvre une politique de continuité territoriale afin d'offrir aux populations d'outre-mer le même accès aux services publics qu'en métropole, indépendamment des coûts liés à leur situation ultrapériphérique, ainsi que des incitations fiscales. Les DROM français ont reçu de l'Union européenne le statut de régions ultrapériphériques (RUP), ainsi que 3,9 milliards d'euros de subventions européennes pour la période 2007-2013.

> **Conseil**
> Pense à appuyer ton argumentation à l'aide de chiffres que tu auras appris en cours.

Ces politiques qui tentent de compenser les inconvénients de l'ultrapériphérie se traduisent dans des programmes d'infrastructures ou de développement durable. Les résultats sont notables : Mayotte, département depuis 2011, RUP depuis 2014, a ainsi vu son PIB augmenter de 8,7 % par an depuis 2005 grâce aux aides nationales et européennes.

▶ **2.**

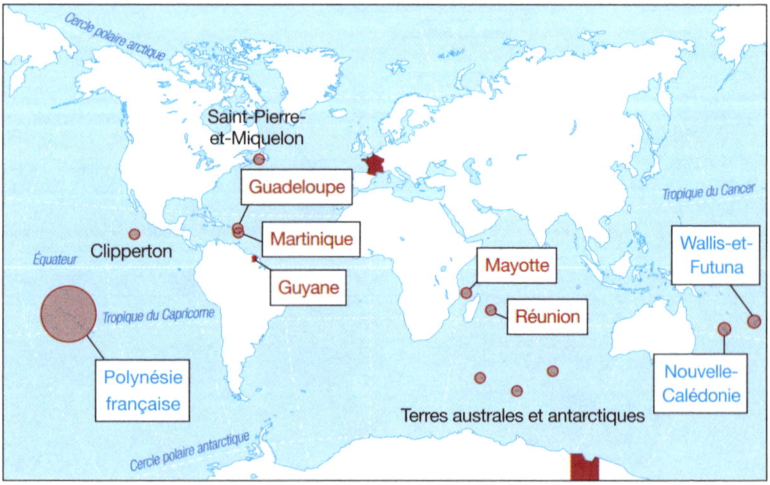

SUJET

30

Sujet inédit

ANALYSER UN DOCUMENT • 20 points

L'île de la Réunion

DOCUMENT

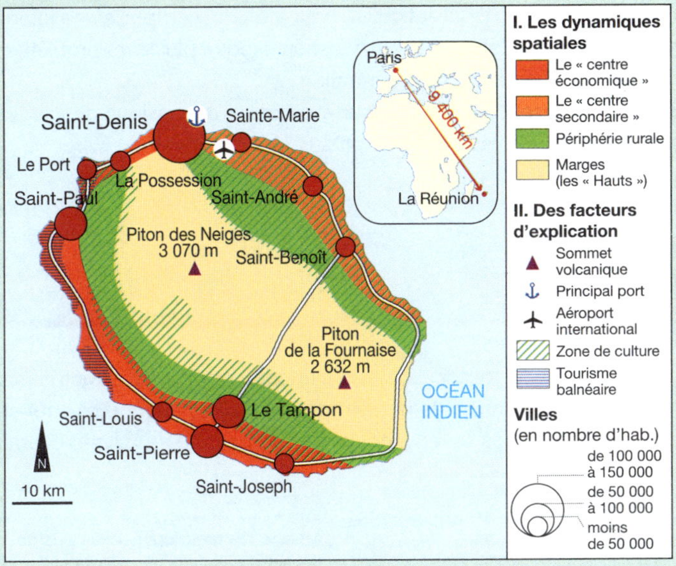

▶ **1.** Observez le cartouche de localisation en haut à droite de la carte. Quels problèmes essentiels de l'île de La Réunion met-il en évidence ?

▶ **2.** Quelle est la superficie de l'île ? En quoi cela entrave-t-il le développement économique ?

▶ **3.** Décrivez la répartition des principales villes, voies de communication et équipements. Comment l'expliquer ?

▶ **4.** Quelles sont les activités économiques présentes sur la carte ? En quoi permettent-elles le développement de l'île ?

GÉOGRAPHIE

LES CLÉS DU SUJET

Comprendre le document

Le document est une carte de synthèse qui présente les principales caractéristiques spatiales de l'île de la Réunion et permet d'analyser son organisation géographique. Un cartouche de localisation, en haut à droite, permet de situer l'île dans son environnement régional et dans sa relation à la métropole.

Répondre aux questions

▶ **1.** Le cartouche de localisation (en haut à droite) comporte une information évidente, mais l'énoncé de la question évoque plusieurs problèmes. Il faut donc chercher une autre information.

▶ **2.** Utilise la légende (échelle) pour évaluer les dimensions de l'île, sans chercher la précision au kilomètre près !

CORRIGÉ 30

▶ **1.** Le cartouche de localisation rappelle deux problèmes structurels de la Réunion : son éloignement de la métropole (9 400 km à vol d'oiseau) et son insertion régionale dans un environnement de pays très pauvres (Madagascar, par exemple).

▶ **2.** L'île fait environ 45 km sur 55, soit à peu près 2 500 km^2. Cette faible superficie ne permet pas à l'île de disposer de ressources propres, par exemple pétrolières ou minières.

Info +
Mesure l'île grossièrement à l'aide de l'échelle, en tenant compte de sa forme géométrique. Multiplie les deux dimensions et arrondis pour un résultat significatif. La superficie officielle est de 2 512 km^2.

▶ **3.** Les villes, les voies de communication et les équipements sont concentrés sur le littoral. Ils forment une sorte d'anneau, matérialisé par des voies de communication presque exclusivement circulaires, à l'exception d'une unique route transversale. L'intérieur de l'île est en effet constitué de reliefs très accentués (pitons des Neiges et de la Fournaise), d'origine volcanique. Le Piton de la Fournaise est toujours actif, et ses déversements de lave expliquent l'absence d'occupation humaine sur le littoral sud-est.

▶ **4.** L'agriculture est présente dans la périphérie rurale. Les zones de culture, rejetées des plaines littorales par l'urbanisation, se concentrent dans l'arrière-pays, sans toutefois s'épanouir sur les Hauts. La Réunion cultive la vanille Bourbon et la canne à sucre. L'autre activité économique visible est le tourisme balnéaire, situé essentiellement sur le versant sous le vent, plus sec. La zone portuaire de Saint-Denis et l'aéroport international évoquent les activités de transport et de manutention, car presque tout est importé. Les activités agricoles et touristiques souffrent de la concurrence des pays proches, comme Maurice. Le développement économique visible sur cette carte est donc fragile et incomplet.

Info +
La vanille Bourbon est un label qui désigne la vanille cultivée à la Réunion, autrefois baptisée île Bourbon, du nom de la dynastie royale française.

SUJET

31

Sujet inédit

ANALYSER UN DOCUMENT • 20 points

Les inégalités territoriales dans l'Union européenne

DOCUMENT **PIB par habitant des pays membres de l'Union européenne (2011)**

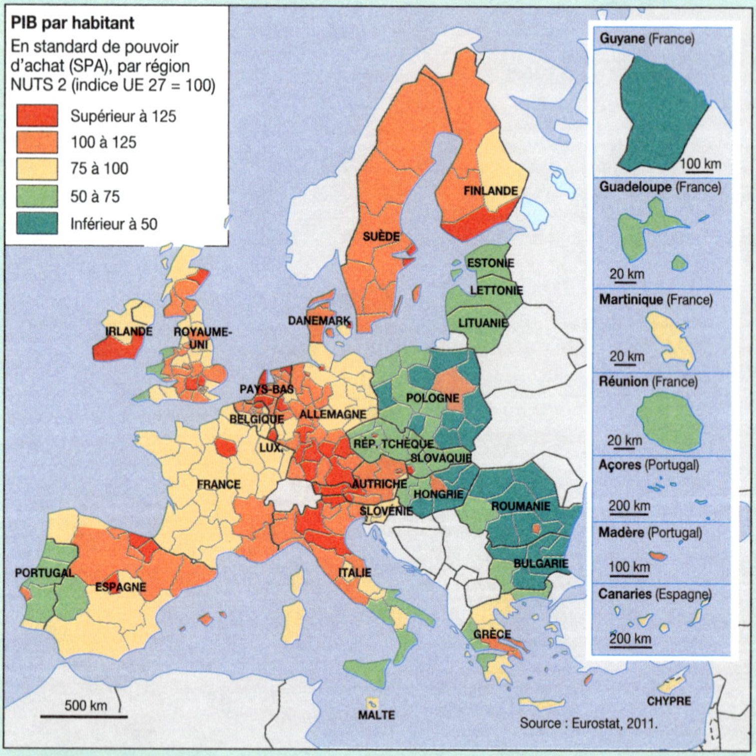

Source : Eurostat, 2011.

▶ **1.** Que signifie, dans la légende, « inférieur à 50 » ?

▶ **2.** Quelles sont les régions les plus riches ?

▶ **3.** Quelles sont les régions en retard ?

▶ **4.** Citez un exemple d'inégalité régionale au sein d'un même État.

▶ **5.** Quelles sont les régions qui sont en cartouche ? Dans quelle catégorie l'Union européenne les a-t-elle rassemblées ?

LES CLÉS DU SUJET

Comprendre le document

Le document est une carte statistique qui permet de comparer la richesse des régions de l'Union européenne selon leur PIB par habitant. L'unité utilisée est un indice qui vaut 100 pour la moyenne de l'Union européenne à 27 (en 2011). Ainsi, un indice de 125 sur une région signifie que la région est 25 % plus riche que la moyenne de l'Union européenne.

Répondre aux questions

▶ **4.** Cherche un pays où les couleurs s'opposent nettement.

▶ **5.** Un cartouche est un petit encadré représentant une région éloignée, qui n'apparaîtrait pas, sinon, sur la carte principale.

CORRIGÉ 31

▶ **1.** « Inférieur à 50 » signifie que la région européenne considérée a un PIB par habitant inférieur à la moitié de la moyenne de l'Union européenne à 27.

Remarque
Cette question sert à vérifier que tu comprends bien la carte. Il faut déchiffrer correctement la légende.

▶ **2.** Les régions les plus riches sont celles de l'Europe du nord-ouest, et en particulier celles de la mégalopole européenne.

▶ **3.** Les régions en retard sont surtout les régions orientales, des pays autrefois sous domination communiste.

▶ **4.** L'Italie fournit un bon exemple d'inégalités régionales, entre un nord riche, partie prenante de la mégalopole, et un sud plus pauvre, le Mezzogiorno.

Conseil
Ne te contente pas de citer le pays : il faut toujours justifier ta réponse !

▶ **5.** Les régions en cartouche sont les outre-mer européens. L'UE les a regroupées sous la dénomination de « régions ultrapériphériques ».

SUJET

32

Sujet inédit

MAÎTRISER LES DIFFÉRENTS LANGAGES • 20 points

L'intégration européenne, un potentiel de développement pour la France

▶ **1.** Sous la forme d'un développement construit d'une vingtaine de lignes et en vous appuyant sur les exemples étudiés en classe, vous expliquerez dans quelle mesure l'intégration européenne représente un potentiel de développement pour la France.

▶ **2.** Observez la carte suivante et complétez sa légende :
– il manque une date d'élargissement.
– quel est cet ensemble de pays entouré de jaune ?
Replacez sur la carte les capitales de l'Union européenne qui figurent dans la légende, en indiquant leurs numéros à la place qui convient.

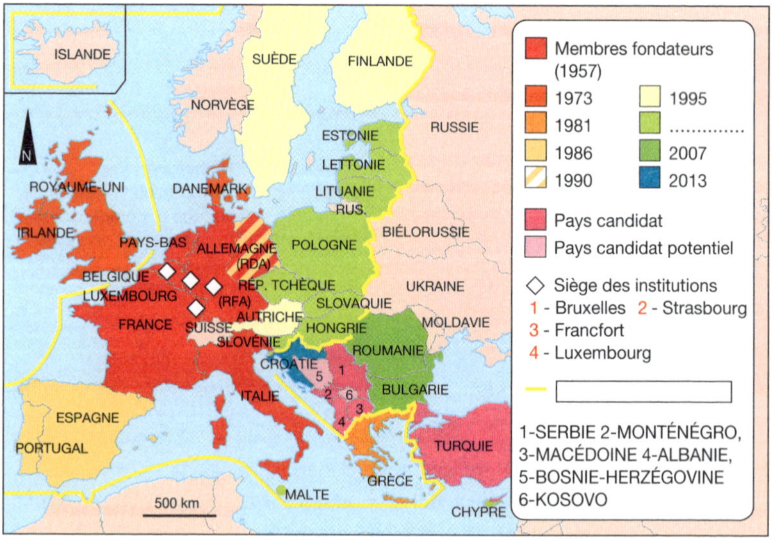

LES CLÉS DU SUJET

▶ **1.** Tu dois d'abord montrer comment l'économie française s'intègre, par les flux, à l'Europe. Tu peux ensuite montrer comment ont émergé de nouveaux acteurs en Europe, les régions. Enfin, un des effets les plus évidents de l'intégration européenne est le développement des régions frontalières françaises.

CORRIGÉ 32

▶ **1.** L'intégration de la France à l'Union européenne a tout d'abord été favorable à une intensification des flux : les deux tiers du commerce extérieur français se font avec des partenaires européens. 75 % du stock d'IDE investi en France le sont par des pays de l'UE. L'européanisation du réseau de transport français a accompagné cette intégration et optimisé la situation de carrefour français entre nord et sud de l'Union.

L'intégration européenne a ensuite permis de donner plus de pouvoir aux régions, qui peuvent coopérer ou se concurrencer. La nouvelle organisation territoriale a ainsi promu 13 grandes régions métropolitaines, plus compétitives.

La construction européenne a enfin donné aux régions frontalières françaises une place centrale : espaces de coopérations, elles bénéficient des économies dynamiques des pays frontaliers, comme en témoignent les flux de travailleurs frontaliers. En outre, l'UE a permis la création d'eurorégions, qui associent des régions frontalières appartenant à des pays différents, par exemple l'eurorégion « Saar-Lor-Lux ».

Gagne des points
Si tu as le temps, développe l'exemple de région frontalière que tu as étudié dans l'année avec ton professeur.

▶ 2.

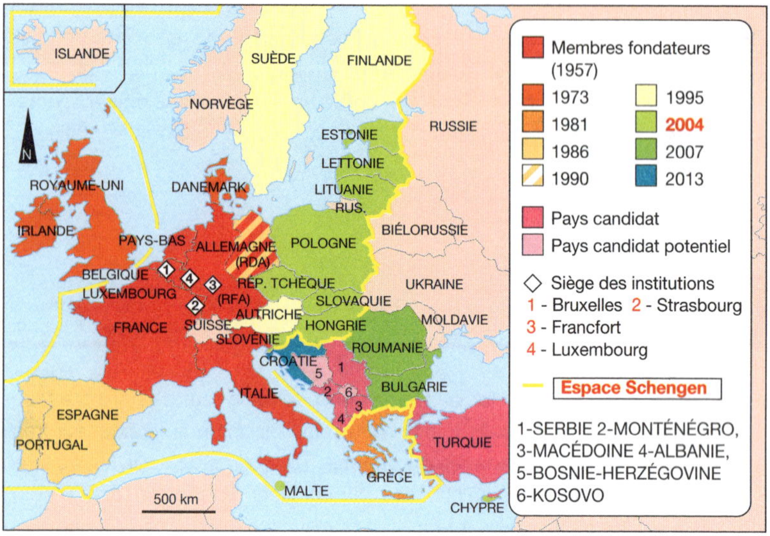
ISLANDE
SUÈDE
FINLANDE
NORVÈGE
ESTONIE
RUSSIE
LETTONIE
ROYAUME-UNI
DANEMARK
LITUANIE
RUS.
IRLANDE
PAYS-BAS
ALLEMAGNE
(RDA)
POLOGNE
BIÉLORUSSIE
BELGIQUE
LUXEMBOURG
RÉP. TCHÈQUE
(RFA)
UKRAINE
SLOVAQUIE
AUTRICHE
FRANCE
SUISSE
HONGRIE
MOLDAVIE
SLOVÉNIE
ROUMANIE
CROATIE
ITALIE
BULGARIE
ESPAGNE
PORTUGAL
TURQUIE
GRÈCE
MALTE
500 km
CHYPRE
Membres fondateurs (1957)
1973
1981
1986
1990
1995
2004
2007
2013
Pays candidat
Pays candidat potentiel
Siège des institutions
1 - Bruxelles 2 - Strasbourg
3 - Francfort
4 - Luxembourg
Espace Schengen
1-SERBIE 2-MONTÉNÉGRO,
3-MACÉDOINE 4-ALBANIE,
5-BOSNIE-HERZÉGOVINE
6-KOSOVO

SUJET

33

Sujet inédit

MAÎTRISER LES DIFFÉRENTS LANGAGES • 20 points

La place et l'influence de la France dans le monde

▶ **1.** Sous la forme d'un développement construit d'une vingtaine de lignes et en vous appuyant sur les exemples étudiés en classe, vous expliquerez quelles sont la place et l'influence de la France dans le monde.

▶ **2.**

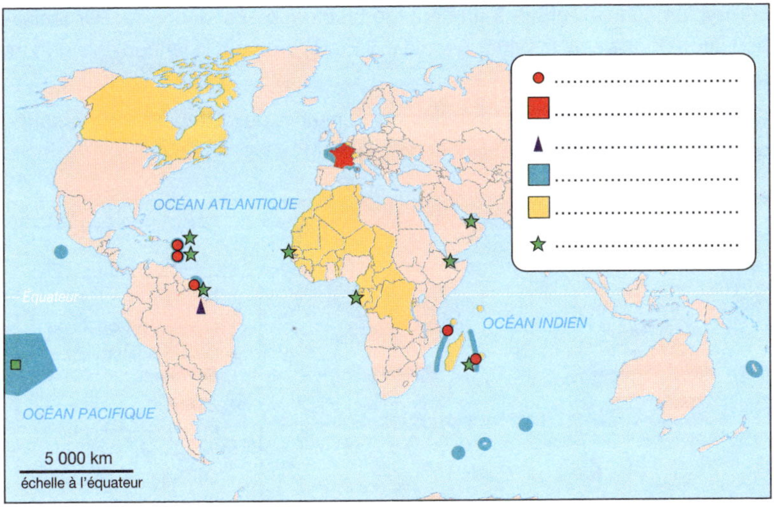

Complétez la légende de la carte en utilisant les items ci-dessous : DROM • France métropolitaine • Bases militaires françaises • Centre spatial de Kourou • Pays francophones • ZEE

LES CLÉS DU SUJET

▶ **1.** Pose d'abord la question du recul de la place de la France dans le monde. Détaille ensuite tes arguments selon la distinction classique entre *hard power* (pouvoir de contrainte) et *soft power* (pouvoir d'influence).

GÉOGRAPHIE

CORRIGÉ 33

▶ **1.** La France compte 0,9 % de la population mondiale. C'est encore, avec le 6e PIB mondial et 3e de l'Union européenne, une économie riche et diversifiée. Mais la croissance est atone, témoignant d'un certain décrochage. La France est-elle une puissance en recul ?

• Les attributs français de la puissance – son *hard power* – conservent quelque splendeur. Les outre-mer assurent à la France une présence stratégique planétaire et la 2e ZEE mondiale. Membre du G7 et membre permanent du Conseil de sécurité de l'ONU, la France possède encore une puissance militaire redoutable.

• Le rayonnement mondial de la France – son *soft power* – est incontestable sur le plan culturel, grâce à un héritage historique exceptionnel. L'Organisation internationale de la francophonie (55 États) promeut la langue et la culture françaises.

La France est donc bien en recul, mais conserve des attributs de puissance qui défendent son rang dans le monde.

▶ **2.**

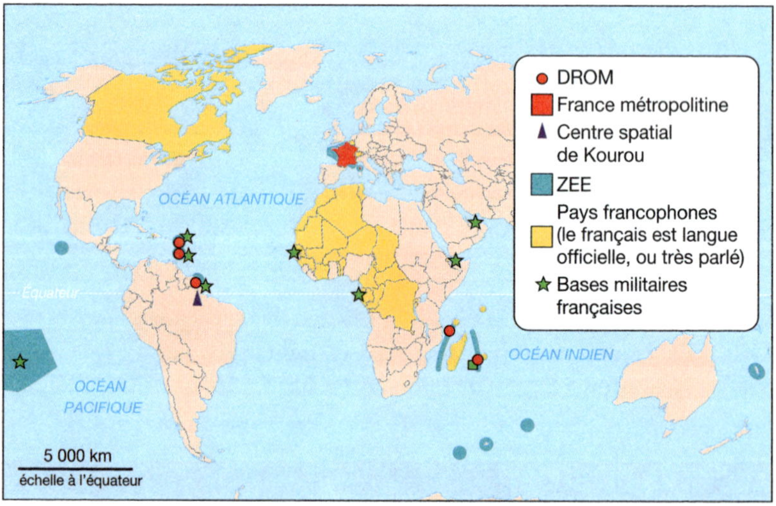

SUJET 34

D'après Asie • Juin 2013

ANALYSER UN DOCUMENT • 20 points

Les échanges commerciaux de l'Union européenne

DOCUMENT

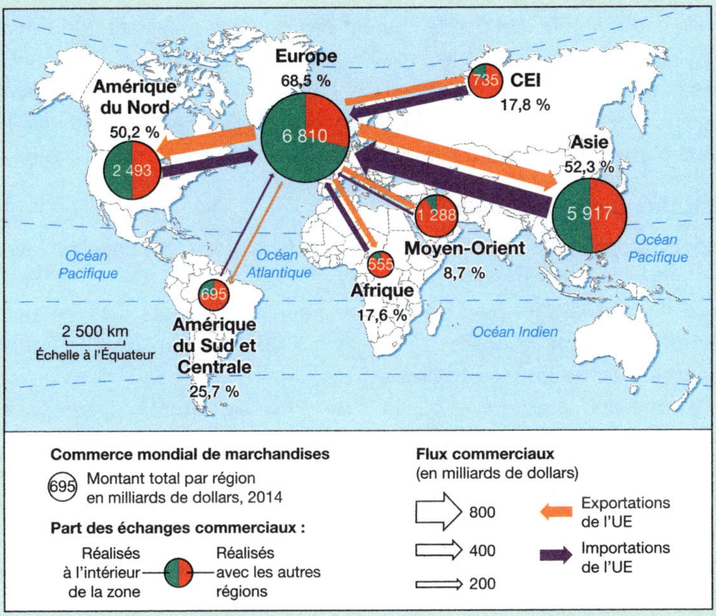

▶ **1.** Présentez le document (nature, date et thème).

▶ **2.** Entourez sur la carte le nom des deux autres pôles mondiaux avec lesquels l'Union européenne réalise l'essentiel de ses échanges.

▶ **3.** Citez trois régions du monde réalisant peu d'échanges commerciaux avec l'Union européenne.

▶ **4.** Que peut-on observer à propos de la répartition des échanges commerciaux de l'Union européenne ?

GÉOGRAPHIE

▶ **5.** Comment peut-on expliquer la forte proportion d'échanges réalisés par l'Union européenne à l'intérieur de sa propre zone ?

LES CLÉS DU SUJET

■ Comprendre le document

Le document est une carte relativement complexe, qui représente le commerce mondial de marchandises. Le monde est divisé en grandes zones (Union européenne, Amérique du Nord, Asie, etc.). Les cercles proportionnels représentent le commerce total effectué par chaque zone (en milliards de dollars pour 2014).

À l'intérieur de chaque cercle figurent des portions mesurant la part des échanges réalisés à l'intérieur de la zone (on voit que l'UE réalise plus des deux tiers de son commerce intra-UE). Enfin, les flèches représentent les flux commerciaux, mais uniquement entre l'UE et les autres zones. La carte permet donc d'étudier le commerce de l'UE.

■ Répondre aux questions

▶ **1.** La première question est destinée à te faire préciser le document (voir les informations ci-dessus).

▶ **2.** Il s'agit là d'un petit travail cartographique. Quelles sont les deux autres zones avec lesquelles l'UE a les flux commerciaux les plus importants (les flèches les plus épaisses) ?

▶ **3.** Question inverse à la question **2.**, on te demande ici une réponse rédigée. Choisisse simplement les trois zones pour lesquelles les flèches sont les moins larges.

▶ **4.** Il s'agit d'une question de synthèse. Fais une phrase simple pour chacun des éléments de légende ; ils apportent chacun un élément d'information. Ne développe pas trop : l'énoncé suggère que l'on attend peu de choses.

▶ **5.** Tu peux observer que presque les trois quarts du commerce de l'Union européenne sont en fait réalisés entre pays de l'UE, ce qui est exceptionnel dans le monde. N'y aurait-il pas là un indice de l'intégration européenne ?

CORRIGÉ 34

▶ **1.** Le document est une carte qui permet d'étudier, pour l'année 2009, les différentes composantes du commerce mondial de marchandises de l'Union européenne. Les cercles proportionnels représentent le commerce total effectué par chaque zone. Les portions de chaque cercle permettent de mesurer la part des échanges réalisés à l'intérieur de la zone. Enfin, les flèches représentent les flux (importations et exportations) entre l'UE et les autres zones.

▶ **2.** Sur la carte, encadrer l'Amérique du Nord et l'Asie.

▶ **3.** L'Union européenne commerce avec toutes les parties du monde, mais certaines réalisent peu d'échanges commerciaux avec elle. Il s'agit de l'Amérique du Sud et centrale, l'Afrique et le Moyen-Orient.

▶ **4.** Les échanges de l'Union européenne présentent plusieurs caractéristiques spécifiques :

• C'est le premier pôle commercial mondial : avec 6 810 milliards de dollars, l'UE est assez nettement devant le deuxième (Asie : 5 917).

• C'est un ensemble très intégré : plus des deux tiers des échanges des pays de l'UE se font avec d'autres pays de l'UE.

• L'UE commerce essentiellement avec l'Asie et l'Amérique du Nord, c'est-à-dire pour une bonne part les autres pôles de la Triade et la Chine. Cependant, avec l'Asie, les échanges sont fortement déficitaires.

▶ **5.** Le commerce intrazone de l'Union européenne représente plus des deux tiers du commerce total de l'UE. C'est une proportion sans équivalent dans le monde : cela renvoie à l'intégration européenne, dont les économies sont très complémentaires et échangent beaucoup les unes avec les autres. Par exemple, l'Allemagne est à la fois le premier client et le premier fournisseur de la France.

SUJET

35

D'après Amérique du Nord • Juin 2014

ENSEIGNEMENT MORAL ET CIVIQUE • 10 points

Devenir français

DOCUMENT

« Mesdames et Messieurs, chers compatriotes,

Cette cérémonie de naturalisation marque votre entrée dans notre communauté nationale, la France est désormais votre pays [...]

Dans la maison commune de la République, sont mises en œuvre, garanties, protégées toutes les libertés publiques que des générations de Français et d'étrangers naturalisés ont chèrement conquises : le suffrage universel pour les hommes et pour les femmes, l'abolition de l'esclavage, le droit de grève et d'association syndicale, la liberté de la presse, d'opinion et d'expression, <u>la liberté d'exercer le culte de son choix ou de ne pas avoir d'appartenance religieuse</u>, la liberté d'association, le droit des femmes à disposer d'elles-mêmes.

Devenir français, ce n'est pas seulement proclamer la devise de la République, « liberté, égalité, fraternité », qui orne les frontons de nos mairies, c'est aussi et surtout bénéficier concrètement de ces droits garantis par la loi, qui est l'expression de la volonté générale, et protégés par le juge [...] Devenir français, c'est ainsi s'intégrer pleinement à la communauté nationale et devenir un bon citoyen. C'est pourquoi la maîtrise de la langue française est si indispensable pour s'approprier un patrimoine exceptionnel, celui de la culture et de la civilisation françaises [...]

Devenir français, c'est enfin jouir d'un haut niveau de protection sociale, du droit à la santé et au logement, de la charte de l'environnement qui met dans notre Constitution du 4 octobre 1958 les principes du développement durable [...]

Et maintenant, je vous propose d'écouter ensemble notre hymne national. »

Extraits du *discours de Monsieur le préfet du Val-de-Marne* prononcé le 16 mai 2013 lors de la cérémonie de remise des décrets de naturalisation. Site Internet de la préfecture du Val-de-Marne.

▶ **1.** Encadrez dans le texte les deux symboles de la République française évoqués par le préfet.

▶ **2.** Complétez le tableau en relevant dans le texte un exemple illustrant chacune des caractéristiques suivantes de la République française :

Caractéristique	Exemples
Démocratique	....
Sociale	....

▶ **3.** Lors de la visite de votre correspondant allemand, celui-ci explique que sa famille est devenue allemande, mais que ses parents sont nés dans un autre pays. À votre tour, en quelques lignes, expliquez-lui les différents moyens pour devenir français, que ce soit par la naissance ou par tout autre moyen.

LES CLÉS DU SUJET

■ Comprendre le document

Le document est extrait d'un discours prononcé par le préfet du Val-de-Marne lors d'une cérémonie de naturalisation. Le texte traduit donc une position officielle, exprimée par un représentant de l'État.

■ Répondre aux questions

▶ **1.** Quels sont les symboles mentionnés dans le texte qui représentent la France, qui sont associés à elle ?

▶ **2.** On te demande de relever des exemples correspondant à des catégories définies : une république démocratique, une république sociale.

▶ **3.** Reste simple. Inutile d'entrer dans les détails, puisque tu dois seulement rédiger « quelques lignes ». Pense aux quatre façons de devenir français : sang, sol, mariage, naturalisation. Puis explique chacune d'elles en une phrase.

CORRIGÉ 35

▶ **1.** Les deux symboles à encadrer dans le texte sont la devise de la République, « Liberté, Égalité, Fraternité » (ligne 13) et l'hymne national, *La Marseillaise* (dernière ligne).

▶ **2.**

Caractéristique	Exemples
Démocratique	Le suffrage universel pour les hommes et les femmes.
Sociale	Le droit à la santé et au logement.

▶ **3.** Il y a plusieurs moyens de devenir français. On peut d'abord obtenir la nationalité française à la naissance, si au moins l'un de ses parents (naturels ou adoptifs) est français : c'est ce qu'on appelle le droit du sang. On peut aussi devenir français par le droit du sol, quand on est né de parents étrangers sur le territoire français et qu'on vit en France depuis plus de cinq ans. On peut enfin l'obtenir par mariage, si on maîtrise la langue française et qu'on est marié à une personne française depuis quatre ans. Enfin, on peut être naturalisé par décret, sous certaines conditions, notamment celle de maîtriser le français et de vivre en France depuis au moins cinq ans.

SUJET 36

D'après France métropolitaine • Septembre 2013

ENSEIGNEMENT MORAL ET CIVIQUE • 10 points

« La démocratie européenne, je la veux… je la vote »

DOCUMENT Une affiche de l'association « Les Jeunes Européens France »

Affiche réalisée par Clotilde Larrose pour les Jeunes Européens – France

www.jeunes-europeens.org

EMC

▶ **1.** Citez un symbole de l'Europe, un droit et une valeur (ou principe) présents dans le document.

▶ **2.** D'après ce document, comment sont désignés les députés européens en France ? L'ensemble du territoire national est-il concerné par cette désignation ? Justifiez votre réponse.

▶ **3.** À l'occasion de la Journée de l'Europe (9 mai), présentez à vos camarades de classe les enjeux des élections organisées pour désigner les députés européens. Puis, après leur avoir rappelé les principes de la démocratie, expliquez-leur pourquoi il est important de « vouloir la démocratie européenne ».

LES CLÉS DU SUJET

Comprendre le document

Le document est une affiche électorale qui s'adresse aux jeunes. Elle les invite à accomplir leur devoir de citoyen et leur explique le rôle du Parlement. Par la formule « la démocratie européenne, je la veux… je la vote », elle associe l'Europe à la démocratie.

Répondre aux questions

▶ **1.** Comment doivent être les pouvoirs en démocratie ? Quelle valeur désigne le fait d'avoir le choix ?

▶ **2.** Quel mode de désignation est utilisé pour cet événement ? Quel est le mode de scrutin ? Qu'est-ce qu'une circonscription ? Les DROM-TOM sont-ils concernés ?

▶ **3.** Suis bien le plan formulé dans la question. Recense les principes qu'il faut respecter pour que l'on puisse parler de démocratie. Pour chacun, explique ce qu'il te donne comme pouvoirs ou comme droits. N'oublie pas : les devoirs d'autrui sont des droits pour toi.

CORRIGÉ 36

▶ **1.** Le drapeau bleu avec douze étoiles est un symbole de l'Europe. L'affiche évoque le droit de voter. Voter, c'est choisir ; voter permet au citoyen d'exercer sa liberté. En démocratie, les pouvoirs doivent être séparés et se contrôler mutuellement ; c'est ce que suggère l'affiche quand elle parle du pouvoir législatif du Parlement qui contrôle les institutions, autrement dit l'exécutif.

▶ **2.** Les députés européens français sont élus. Chaque citoyen choisit parmi les listes de candidats qui lui sont proposées. Les élections se font par régions (ou « circonscriptions ») couvrant toute la métropole (il y a sept régions : quatre aux quatre points cardinaux, deux régions au centre et une pour l'Outre-mer). Tout le territoire national est donc concerné.

Info +
L'Outre-mer désigne les départements et territoires situés loin de l'Europe, au-delà des océans : aux Antilles (Martinique et Guadeloupe), en Polynésie (Nouméa, Tahiti), ou dans l'océan Indien (Mayotte, la Réunion), etc.

▶ **3.** Lors des élections européennes, les citoyens votent pour désigner ceux qui les représenteront au Parlement de Strasbourg. Ces élections sont importantes : elles permettent à chacun d'entre vous de soutenir le projet politique de son choix. Ceux que vous élirez agiront en votre nom, pour défendre vos intérêts. Ils auront le pouvoir de contrôler la commission de Bruxelles, de voter le budget et d'exprimer votre opinion devant l'Assemblée. En démocratie, le peuple est souverain, les pouvoirs (exécutif, législatif et judiciaire) doivent être séparés, les libertés fondamentales respectées et l'égalité des droits garantie. « Vouloir la démocratie européenne », c'est vouloir le respect de ces règles à l'échelle de l'Europe. C'est permettre le dialogue entre les peuples, trouver des compromis et des accords pour que se maintienne la paix. C'est se donner les moyens d'éviter que nous soient imposées des lois qui ne nous conviendraient pas. La démocratie impose aussi des devoirs ; mais ceux-ci favorisent la solidarité entre les pays et les citoyens.

Gagne des points
Tu peux donner des exemples de ces libertés : de réunion, d'expression, de croyance, de culte.

SUJET

37

Sujet inédit

ENSEIGNEMENT MORAL ET CIVIQUE • 10 points

Les droits de l'enfant

DOCUMENT 1 **Affiche de la campagne « Pas d'éducation, pas d'avenir » (2013)**

© Fabrice Giband – pasdeducationpasdavenir.org

DOCUMENT 2 **Extraits de la Déclaration des droits de l'enfant**

Considérant que […] chacun peut se prévaloir de tous les droits et de toutes les libertés qui y sont énoncés, sans distinction aucune de race, de couleur, de sexe, de langue, de religion, […] l'Assemblée générale de l'ONU proclame la présente Déclaration des droits de l'enfant […] ; elle invite les autorités locales et les gouvernements nationaux à reconnaître ces droits […] en application des principes suivants :

[…]

Principe 2 : L'enfant doit bénéficier d'une protection spéciale [...] afin d'être en mesure de se développer d'une façon saine et normale sur le plan physique, intellectuel, moral, spirituel et social, dans des conditions de liberté et de dignité.

Principe 3 : L'enfant a droit, dès sa naissance, à un nom et à une nationalité.

Principe 4 : L'enfant doit bénéficier de la Sécurité sociale, il doit pouvoir grandir et se développer d'une façon saine ; à cette fin, une aide et une protection spéciales doivent lui être assurées ainsi qu'à sa mère, notamment des soins prénatals et postnatals adéquats. L'enfant a droit à une alimentation, à un logement, à des loisirs et à des soins médicaux adéquats.

▶ **1.** Au nom de quelles valeurs les droits des enfants sont-ils déclarés ? Citez-en au moins deux.

▶ **2.** D'après le texte, donnez deux exemples de droit dont les enfants peuvent bénéficier. Citez un exemple de droit en faveur des femmes enceintes. Quel rapport entre celles-ci et les droits des enfants ?

▶ **3.** Vous préparez un exposé sur les droits de l'enfant. En vous appuyant sur les documents et votre expérience personnelle, montrez que vous bénéficiez en France des droits évoqués ; puis expliquez pourquoi ces droits justifient la légende inscrite sur le slogan du document 1 : « Pas d'éduction, pas d'avenir ! ».

LES CLÉS DU SUJET

Comprendre les documents

- Une déclaration des droits définit les règles que notre société doit mettre en œuvre dans le cadre de la loi. Celle du document 2 expose tout ce qui doit être donné aux enfants pour qu'ils deviennent des adultes libres.
- L'affiche (document 1) illustre l'un des droits déclarés. Elle est diffusée dans le cadre d'une campagne organisée chaque année par la Ligue de l'enseignement.

Répondre aux questions

▶ **1.** La Déclaration des droits de l'enfant s'inspire de la Déclaration des droits de l'Homme. Tu y retrouveras les mêmes valeurs. Précise où tu trouves dans le texte les valeurs que tu cites.

▶ **2.** Que faut-il pour que les enfants figurés sur l'affiche puissent se développer ? Que permet la Sécurité sociale en France ? Qui protège-t-on en aidant une femme enceinte ?

▶ **3.** Cherche des exemples dans ta vie au collège, les programmes qui te sont proposés, les outils ou salles mis à ta disposition, les personnes qui te suivent tout au long de l'année.

CORRIGÉ 37

▶ **1.** Les droits des enfants sont déclarés au nom de la liberté (le mot apparaît deux fois dans le texte, en ligne 1 et dans le principe 2), de l'égalité (tous les enfants sont concernés indépendamment de leur nationalité – tous les pays sont « invités à... » –, de leur « couleur, sexe, langue ou religion »). Ils le sont aussi au nom de la dignité (principe 2), de leur sécurité (principe 4). Ils bénéficient de la solidarité de tous.

▶ **2.** Les enfants peuvent bénéficier de l'instruction (se développer), d'une identité (un nom), d'une citoyenneté (nationalité). Ils doivent être nourris (alimentation), logés (logement), soignés (soins médicaux). Les femmes enceintes doivent être suivies par un médecin pendant leur grossesse (soins prénatals) et après (soins postnatals). Ces soins sont donnés pour protéger leur enfant.

▶ **3.** Dans les écoles de France, les droits des enfants sont respectés. Les instituteurs nous apprennent à lire et à compter ; puis les enseignants nous font découvrir les sciences, la culture, les arts et les techniques afin que nous puissions nous développer intellectuellement et manuellement. En cours d'EMC ou en classe d'histoire, la morale, le civisme et les religions nous sont expliqués. Nous bénéficions de cours d'éducation physique. Nous recevons tous ces enseignements ou informations pour que, devenus adultes, nous puissions participer à la vie économique, culturelle et sociale de notre pays. Dans l'avenir, les enfants que nous sommes seront les acteurs principaux des sociétés où nous vivrons.

Conseil
Aux droits liés à l'instruction, tu peux ajouter la protection médicale grâce au médecin scolaire.

Sujet inédit

ENSEIGNEMENT MORAL ET CIVIQUE • 10 points

L'élaboration des lois en France

DOCUMENT **L'élaboration d'une loi**

© Plantu

EMC

▶ **1.** Expliquez la phrase du député de l'Assemblée nationale : « De tout façon on aura le dernier mot. »

▶ **2.** Quel rôle joue le Conseil constitutionnel dans l'élaboration de la loi ?

▶ **3.** Votre frère aîné, majeur depuis quelques années, se plaint souvent de certaines lois qu'il n'apprécie pas et qu'il juge « antidémocratiques ». À l'aide du document et de vos connaissances, expliquez-lui qu'il se trompe en une dizaine de lignes.

LES CLÉS DU SUJET

■ Comprendre le document

Il s'agit d'une caricature du célèbre dessinateur Plantu. Ce dessin est très pédagogique, il montre avec simplicité et humour le cheminement d'une loi en France. Les différentes institutions qui concourent à l'élaboration de la loi sont représentées tour à tour.

■ Répondre aux questions

Les questions 1 et 2 demandent une connaissance minimale des institutions et du rôle que joue chacune d'entre elles.

▶ **1.** La question fait référence aux navettes parlementaires d'un projet de loi : en cas de désaccord entre les deux assemblées, il faut trancher, et c'est le privilège de l'Assemblée nationale.

▶ **2.** Tu dois faire appel à tes connaissances de base sur le rôle du Conseil constitutionnel.

▶ **3.** Tu dois réfléchir au caractère démocratique des institutions de la Ve République. Observe le dessin : relève les occasions où le peuple intervient, soit directement (on voit les Français sur le dessin), soit surtout indirectement (par qui sont élus les personnages représentés ?).

CORRIGÉ 38

> **Conseil**
> Il est bienvenu de définir les expressions complexes que tu emploies, de façon à montrer au correcteur que tu sais de quoi tu parles.

▶ **1.** Si les deux chambres (l'Assemblée nationale et le Sénat) ne sont pas d'accord sur les termes d'un projet de loi, le texte fait la navette entre les chambres ; si le désaccord persiste, une commission mixte paritaire (constituée à la fois de députés et de sénateurs) tente de trouver un compromis. En cas d'échec, l'Assemblée nationale peut voter le texte sans l'accord du Sénat. C'est pour cela que le député perché sur le Palais Bourbon (l'Assemblée) dit qu'il « aura le dernier mot ».

▶ **2.** Le Conseil constitutionnel est chargé, comme son nom l'indique, de veiller au respect de la Constitution. Il effectue donc un contrôle de constitutionnalité sur les lois (et les traités internationaux), ce qui veut dire qu'il vérifie que les lois sont conformes à la Constitution de la Ve République.

▶ **3.** On ne peut pas dire que les lois de la République, même si elles ne te plaisent pas, sont « antidémocratiques ». Les projets ou propositions de loi répondent en effet souvent à une demande populaire. Le gouvernement, qui est à l'origine de l'essentiel des lois, est légitime et démocratique, car son chef, le Premier ministre a été choisi par le président de la République (lui-même élu par le peuple) dans le parti majoritaire à l'Assemblée nationale. Mais surtout, ceux qui rédigent la loi, l'amendent et la votent sont tous des élus du peuple au suffrage universel direct (Assemblée nationale) ou indirect (Sénat). On peut donc ne pas toujours être d'accord avec telle ou telle loi, mais les lois votées sous la Ve République sont démocratiques. Et en tant que telles, elles s'appliquent à tous.

SUJET

39

Sujet inédit

ENSEIGNEMENT MORAL ET CIVIQUE • 10 points

Les symboles de la démocratie

▶ **1.** À quel droit politique correspondent les deux documents ? Nommez deux symboles de la République présents dans ceux-ci.

▶ **2.** En vous appuyant sur le document 2, définissez ce qu'est un isoloir et expliquez pourquoi il a été adopté. Pourquoi n'y a-t-il pas de femmes représentées ?

▶ **3.** En tant que délégué de votre classe, vous devez organiser un référendum sur une question scolaire de votre choix. Expliquez à vos camarades comment le scrutin va se dérouler et pourquoi il est important qu'ils votent.

DOCUMENT 1

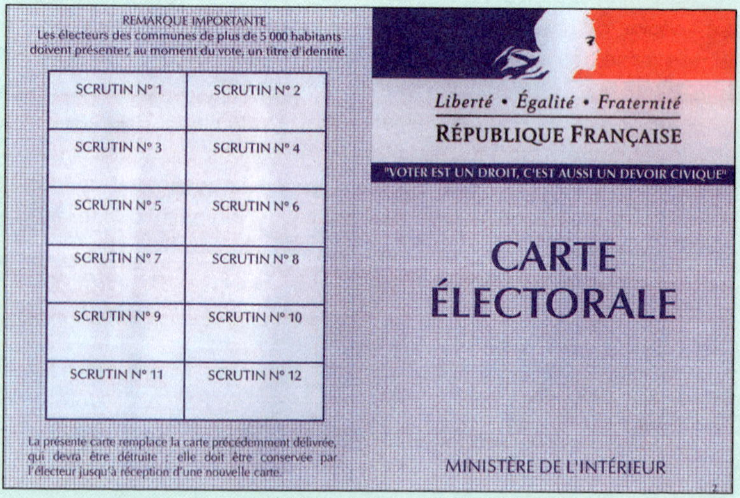
REMARQUE IMPORTANTE
Les électeurs des communes de plus de 5 000 habitants doivent présenter, au moment du vote, un titre d'identité.

SCRUTIN N° 1	SCRUTIN N° 2
SCRUTIN N° 3	SCRUTIN N° 4
SCRUTIN N° 5	SCRUTIN N° 6
SCRUTIN N° 7	SCRUTIN N° 8
SCRUTIN N° 9	SCRUTIN N° 10
SCRUTIN N° 11	SCRUTIN N° 12

La présente carte remplace la carte précédemment délivrée, qui devra être détruite ; elle doit être conservée par l'électeur jusqu'à réception d'une nouvelle carte.

Liberté • Égalité • Fraternité

RÉPUBLIQUE FRANÇAISE

"VOTER EST UN DROIT, C'EST AUSSI UN DEVOIR CIVIQUE"

CARTE ÉLECTORALE

MINISTÈRE DE L'INTÉRIEUR

DOCUMENT 2

LES CLÉS DU SUJET

Comprendre les documents

Ces deux images présentent des outils de la démocratie. En tant que symboles, elles illustrent les conditions de son bon exercice. Elles aident à comprendre comment se déroule une élection ou scrutin.

Répondre aux questions

▶ **1.** Un « scrutin » (document 1) est une élection. Quel droit exerce-t-on chaque fois qu'on participe à un scrutin ?

▶ **2.** As-tu déjà participé à un vote à main levé ? Dans ce mode de scrutin, le choix de ton voisin peut-il t'influencer ? Pourquoi ?

▶ **3.** Choisis d'abord le thème du référendum (une sortie scolaire, un changement d'horaire, la participation à une action caritative, par exemple). Précise bien le type de réponse attendu dans un référendum. Sur un groupe de cent élèves, cinquante votent. Qui décide pour les cinquante autres ?

CORRIGÉ 39

▶ **1.** Le droit politique auquel renvoient les deux documents est le droit de vote. Dans ces documents, sont présents : la Marianne (en haut à droite de la carte comme de la gravure) ; la devise de la République (« Liberté – égalité – fraternité » dans le document 1) ; les couleurs du drapeau national (bleu-blanc-rouge).

▶ **2.** Un isoloir est un espace dans lequel les électeurs peuvent se couper du regard des autres (s'isoler). Il permet d'échapper à toute manœuvre d'intimidation qui viserait à les obliger à voter d'une manière qu'ils ne souhaitent pas. L'isoloir garantit la liberté du vote. Les femmes ne sont pas présentes dans la gravure, parce qu'elles n'ont pas le droit de vote en 1903.

Info +
Le droit de vote en France est accordé aux femmes en 1944.

▶ **3.** Bonjour, notre professeur d'histoire-géographie veut organiser un voyage sur les plages du Débarquement, durant un week-end. Mais la seule date possible se situe avant le brevet blanc. Nous allons donc organiser un référendum sur le sujet. À la question « êtes-vous d'accord pour participer au voyage à la date proposée ? », vous devrez répondre par « oui » ou par « non ». Il n'y a pas d'autre réponse possible. Chacun d'entre vous passera dans l'isoloir pour glisser dans une enveloppe un bulletin où sera inscrit « oui » ou « non ». Il ira ensuite la déposer dans la boîte qui nous servira d'urne. Les bulletins seront dépouillés (lus) et la réponse qui obtiendra le plus grand nombre de voix s'imposera à tous. Si vous ne votez pas ou n'exprimez pas votre choix (bulletin blanc ou nul), vous devrez accepter le résultat exprimé même s'il vous déplaît. Vous avez le droit de voter, la liberté de choisir ce que vous préférez. Profitez de ce pouvoir.

Remarque
Nous parlons ici d'un voyage sur les plages du Débarquement, mais toute autre situation peut être envisagée, nous ne donnons qu'un exemple.

Sujet inédit

ENSEIGNEMENT MORAL ET CIVIQUE • 10 points

La Ve République, une République indivisible et démocratique

▶ **1.** De quel texte est issue la phrase en gras dans le document 1 ? Que représente le document 2 ?

▶ **2.** Quels sont les différents types de pouvoir qui figurent sur le document 2 ? Donnez une définition rapide de chacun d'entre eux.

▶ **3.** Qu'est-ce que le référendum évoqué dans le document 1 ? À quel niveau du document 2 est-il utilisé ?

▶ **4.** Lors d'un exposé devant la classe, vous devez expliquer à vos camarades, en quelques lignes, que les institutions de la Ve République respectent les principes d'une République indivisible et démocratique. N'oubliez pas de relire les définitions de ces termes données par le document 1.

DOCUMENT 1 **Les principes constitutionnels de la Ve République**

La France est une République indivisible, laïque, démocratique et sociale.

Extrait de la Constitution de la Ve République.

Une République indivisible : aucune partie du peuple, ni aucun individu, ne peut s'attribuer l'exercice de la souveraineté nationale. Seul le peuple exerce cette souveraineté par la voie de ses représentants ou du référendum.

Le caractère démocratique de la République implique le respect des libertés fondamentales et la désignation des différents pouvoirs au suffrage universel (ouvert à tous les citoyens majeurs), égal (chaque électeur dispose d'une voix) et secret (chacun vote librement à l'abri de toute pression).

D'après le site www.vie-publique.fr.

DOCUMENT 2 **Les institutions de la Vᵉ République**

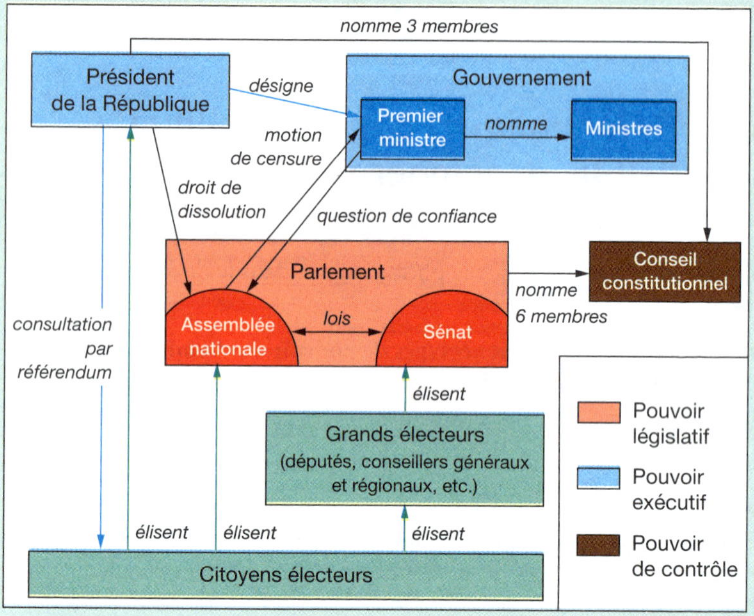

LES CLÉS DU SUJET

Comprendre les documents

• Le document 1 cite une phrase de la Constitution de la Vᵉ République. Deux de ses termes sont ensuite explicités par un site institutionnel parfaitement digne de foi.

• Le document 2 est un organigramme simplifié qui montre le fonctionnement des institutions de la Vᵉ République.

Répondre aux questions

▶ **1.** Cette question t'invite à présenter brièvement chaque document. Cela te permet de faire la différence entre la Constitution et ses institutions.

▶ **2.** Cette question attire ton attention sur les différentes catégories d'institutions. Leur diversité te donnera un argument pour traiter la question 4.

▶ **3.** C'est une simple question de connaissances, qui pourra aussi te servir dans ta réponse à la question 4.

▶ **4.** Tu dois montrer, grâce aux documents, le caractère indivisible et démocratique de la République. Tu peux organiser ta réponse en deux paragraphes.

CORRIGÉ 40

▶ **1.** La phrase en gras est un extrait de la Constitution de la Ve République, rédigée en 1958 et amendée plusieurs fois depuis. Le document 2 représente schématiquement le fonctionnement des institutions de la Ve République, fonctionnement décrit dans la Constitution.

▶ **2.** Sur le document 2 figurent trois types de pouvoir : le pouvoir législatif, qui est celui de créer les lois ; le pouvoir exécutif, qui est celui de faire exécuter les lois ; le pouvoir de contrôle, qui veille à la constitutionnalité du fonctionnement des institutions.

▶ **3.** Le référendum est une question posée au peuple, c'est-à-dire aux citoyens électeurs qui doivent répondre par « oui » ou par « non ». Il s'agit d'une consultation mise en œuvre par le président de la République directement auprès du peuple.

▶ **4.** La Ve République est indivisible : le peuple exerce seul la souveraineté, par la voie de ses représentants ou du référendum. La prise du pouvoir par une personne ou un groupe de personnes hors des conditions prévues serait anticonstitutionnelle. Il faut noter que la Constitution respecte la séparation des pouvoirs et l'équilibre entre ceux-ci.

La Ve République est aussi démocratique. Toutes les institutions de la Ve République qui ont un pouvoir législatif ou exécutif sont en effet élues directement par le peuple, c'est-à-dire les citoyens électeurs, au suffrage universel. Chaque électeur dispose d'une voix et peut voter librement, dans le secret de l'isoloir. Même le pouvoir de contrôle (le Conseil constitutionnel) est nommé indirectement par le peuple, puisque ses membres sont nommés par des élus du peuple (le président et le Parlement).

La Ve République est donc bien conforme aux principes énoncés dans sa Constitution.

SUJET 41

Sujet inédit

ENSEIGNEMENT MORAL ET CIVIQUE • 10 points

Le rôle des syndicats professionnels

DOCUMENT

© CNI

▶ **1.** Qu'est-ce qu'un syndicat ? Quelle profession est défendue par le CNI ?

▶ **2.** Décrivez et comparez les deux situations représentées. Quel est le message principal délivré par la partie droite de l'image ?

▶ **3.** Vous faites campagne auprès de vos camarades de classe pour être leur représentant. Présentez-leur les actions que vous envisagez de mener dans ce rôle. Pourquoi, contrairement à un rival, ne proposez-vous pas de créer un syndicat professionnel de collégiens ?

LES CLÉS DU SUJET

Comprendre le document

Le document est un dessin qui invite des personnels de santé à adhérer à un syndicat : le CNI ou Conseil national des infirmières. Il illustre deux situations, quand on est « seul » à gauche, « plusieurs » à droite.

Répondre aux questions

▶ **2.** À gauche, « on peut espérer ». Mais l'espoir assure-t-il le succès ? D'après un célèbre dicton, que « fait » l'union ? Pourquoi les employés de droite « obtiennent »-ils ce qu'ils demandent ? Compare les mots choisis pour demander : « râler », « protester » d'un côté ; « proposer », « négocier » de l'autre.

▶ **3.** Les élèves peuvent-ils protester contre leurs enseignants, négocier, proposer ? Peuvent-ils distribuer des bulletins d'information ? Peuvent-ils « cesser le travail » ? Que font-ils au conseil de classe ? Imagine un slogan pour soutenir ta candidature.

CORRIGÉ 41

▶ **1.** Un syndicat est une association ayant pour but de défendre les intérêts des salariés dans une entreprise. La profession défendue par le CNI est celle des infirmières.

▶ **2.** À gauche, une infirmière exprime sa colère mais, inaccessible, la direction n'entend pas ses revendications et ignore ses protestations ; à droite, soutenue par ses collègues qui la hissent jusqu'au bureau du directeur, la même infirmière présente à celui-ci ce qu'elle souhaite obtenir. Le message est le suivant : l'union fait la force ; seul, on ne peut rien, avec le syndicat, tout est possible.

▶ **3.** Si vous votez pour moi, je vous représenterai lors des conseils de classe et des réunions de délégués avec le proviseur. Je serai votre porte-parole et je transmettrai aux professeurs vos souhaits. J'installerai à l'entrée de la classe un panneau pour vous informer de toutes les décisions qui vous concernent et j'organiserai des votes sur les questions importantes : les devoirs, les sorties, les projets de classe. Nous pourrons participer à des manifestations publiques organisées par les lycéens, mais je ne créerai pas un syndicat professionnel. Les collégiens ne peuvent pas vraiment se syndiquer. Nous sommes mineurs et nous ne sommes pas des salariés. Nous n'avons pas des « intérêts » à défendre, qui nous conduiraient à faire grève. Cesser le travail ne pénaliserait que nous et n'aurait aucun sens. Votez pour moi pour que, ensemble, nous soyons plus forts et mieux entendus.

Info +
En juin 2009, deux collégiens ont fondé le Synac (Syndicat national des collégiens), mais sa portée reste confidentielle.

SUJET

42

D'après Pondichéry • Avril 2014

ENSEIGNEMENT MORAL ET CIVIQUE • 10 points

L'action menée par l'armée française au Mali

DOCUMENT

« Mesdames, Messieurs,

La France, à la demande du président du Mali et dans le respect de la charte des Nations unies, s'est engagée hier pour appuyer l'armée malienne face à l'agression terroriste qui menace toute l'Afrique de l'ouest. D'ores et déjà, grâce au courage de nos soldats, un coup d'arrêt a été porté et de lourdes pertes infligées à nos adversaires.

Mais notre mission n'est pas achevée. Je rappelle qu'elle consiste à préparer le déploiement d'une force d'intervention africaine pour permettre au Mali de recouvrer son intégrité territoriale, conformément aux résolutions du Conseil de sécurité.

J'ai donné, encore aujourd'hui, toutes les instructions pour que les moyens utilisés par la France soient strictement limités par rapport à cet objectif. Par ailleurs, j'ai veillé à renforcer le dispositif militaire français à Bamako[1] pour protéger nos ressortissants [...]

Je rappelle que la France, dans cette opération, ne poursuit aucun intérêt particulier autre que la sauvegarde d'un pays ami et n'a pas d'autre but que la lutte contre le terrorisme. C'est pourquoi son action est soutenue par l'ensemble de la communauté internationale et saluée par tous les pays africains. [...]

Dans les jours qui viennent, notre pays poursuivra son intervention au Mali. J'ai dit qu'elle durerait le temps nécessaire, mais j'ai toute confiance dans l'efficacité de nos forces et dans la réussite de la mission que nous accomplissons au nom de la communauté internationale.

La lutte contre le terrorisme exige aussi de prendre toutes les précautions nécessaires ici en France. J'ai donc demandé au Premier ministre Jean-Marc Ayrault de renforcer le plan Vigipirate pour procéder à la surveillance de nos bâtiments publics et de nos infrastructures de transports. Il fera en sorte que ces instructions puissent être exécutées dans les meilleurs délais. »

Extrait de l'allocution télévisée de François Hollande, président de la République française, palais de l'Élysée, 11 janvier 2013. Mise en ligne sur le site de l'AFP le 12 janvier 2013.

1. Bamako : capitale du Mali.

▶ **1.** À quelle organisation internationale le président français fait-il référence à plusieurs reprises ? Rédigez une phrase de réponse, puis soulignez dans le texte deux extraits justifiant votre réponse.

▶ **2.** D'après le document et vos connaissances, quel rôle du président de la République française est ici mis en avant ?

▶ **3.** Vous êtes rédacteur en chef du journal du collège. Pour la page « International », vous avez fait un petit sondage auprès de vos camarades sur l'intervention française au Mali. L'opinion majoritaire qui en ressort est : « Mais qu'a-t-on besoin d'aller là-bas ? » Il vous faut maintenant répondre à cette question et expliquer en dix lignes, à l'aide du texte et de vos connaissances, pourquoi la France est intervenue au Mali.

LES CLÉS DU SUJET

Comprendre le document

Le texte est un document officiel. C'est un discours diffusé à la télévision. Il est prononcé par le président de la République en exercice : François Hollande. Le chef de l'État explique l'action menée par l'armée française au Mali, pays d'Afrique de l'ouest qui subit des attaques organisées par Aqmi, une organisation qui cherche à établir un régime islamique.

Répondre aux questions

▶ **1.** Quelle organisation a adopté la charte des Nations unies ? Qu'est-ce que le Conseil de sécurité ?

▶ **2.** À quel titre le président de la République peut-il donner des ordres aux responsables de l'armée française ? Comment nomme-t-on le ministre qui s'occupe des relations de la France avec les autres États ?

▶ **3.** Relève les raisons invoquées dans le texte : elles te donneront la structure de ta réponse.

CORRIGÉ 42

▶ **1.** Par deux fois, le président français fait référence à l'ONU : dès la première ligne quand il évoque la « charte des Nations unies » ; puis lorsqu'il fait référence au « Conseil de sécurité », institution de l'ONU qui a pour mission de préserver la paix dans le monde.

▶ **2.** Le rôle du président de la République mis ici en avant est son titre de chef des armées et sa responsabilité des « affaires étrangères », c'est-à-dire la politique extérieure de la France.

Info +
Dans le cadre de la Vᵉ République, les affaires étrangères sont considérées comme le « domaine réservé » du président. Le Premier ministre n'a en charge que les affaires intérieures.

▶ **3.** La France est intervenue au Mali pour respecter ses engagements internationaux et défendre ses intérêts. Elle a envoyé ses forces militaires dans le respect des règles internationales, à la demande de l'État malien et sur résolution du Conseil de sécurité de l'ONU, seul organe international à pouvoir légitimement autoriser le recours à la force. Cette intervention se fait contre « l'agression terroriste qui menace toute l'Afrique de l'Ouest » et pour rendre au Mali son « intégrité territoriale ». La France est aussi intervenue pour protéger ses ressortissants sur place, comme c'est souvent le cas dans des pays francophones qui, après leur indépendance, ont maintenu des accords de coopération avec l'ancienne puissance coloniale.

Le mémo du brevet

L'essentiel du programme en fiches

1 Civils et militaires dans la Première Guerre mondiale

A Le schéma

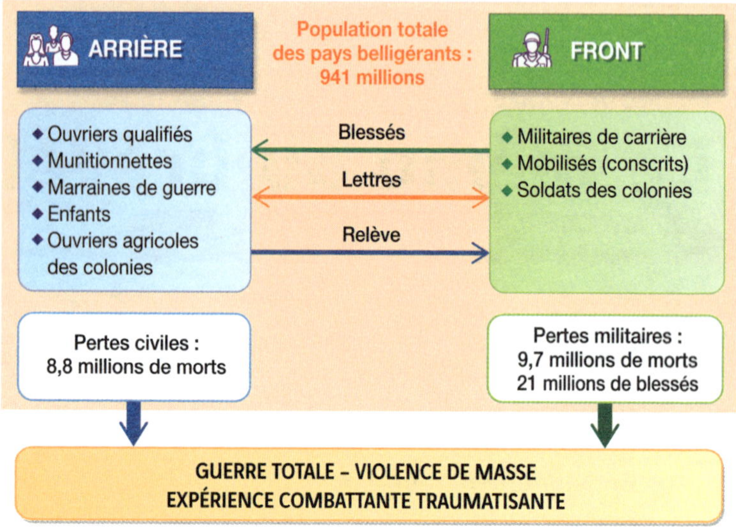

B Le résumé

La Grande Guerre est une guerre totale marquée par la violence de masse.

● Elle mobilise toutes les populations : les **hommes** comme soldats ou comme ouvriers spécialisés ; les **femmes** comme ouvrières, marraines de guerre, infirmières ; les **enfants** utilisés dans les images de propagande, les **ressortissants des colonies** comme soldats ou travailleurs agricoles.

● Les **militaires** sont sous le feu d'armes nouvelles et meurtrières (obus, gaz, chars…), mais les **civils** sont également pris pour cibles (prises d'otages, bombardements, répression, etc.).

C La frise

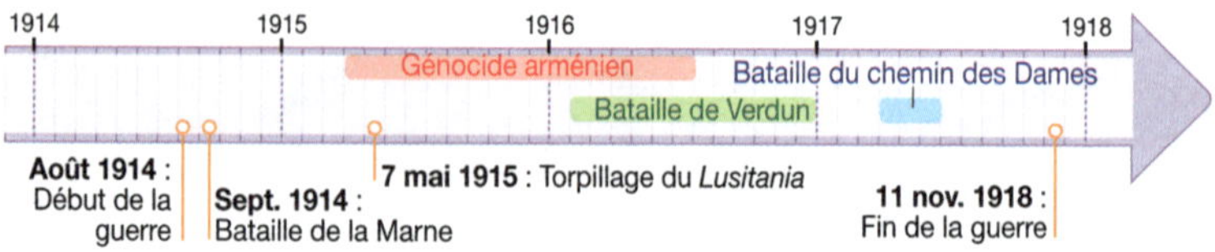

2 Démocraties fragilisées et expériences totalitaires

A Le schéma

	DÉMOCRATIES FRAGILISÉES	EXPÉRIENCES TOTALITAIRES
Principes	◆ Séparation des pouvoirs ◆ Libertés fondamentales ◆ Multipartisme ◆ Droits de l'Homme et du citoyen ◆ État de droit et justice indépendante	◆ Culte de la personnalité ◆ Embrigadement de la jeunesse ◆ Parti unique ◆ Police politique ◆ Terreur et camps
Crises	◆ **Crise économique** Manifestations, grèves ◆ **Crise politique** Tentative de coup d'État, dissolution d'organisations politiques (ligues, PCF)	◆ **Crise économique** Repli autarcique, interdiction des grèves ◆ **Crise politique** Dékoulakisation État d'exception Procès et assassinats politiques (Kirov/ Röhm)

B Le résumé

Après 1918, les traités bouleversent la carte de l'Europe. La démocratie progresse ; mais dans les années 1930, crises et révolutions fragilisent les États.

● Les plus anciennes démocraties font face à des manifestations, mais elles parviennent à surmonter les difficultés. Contre la menace des ligues en France, le **Front populaire** unit la gauche et remporte les élections de 1936.

● Dans les pays plus fragiles, des **régimes totalitaires** s'installent (Allemagne, Italie, URSS). La **violence d'État** élimine les opposants et soumet les peuples à un ordre qui rejette toutes libertés.

C La frise

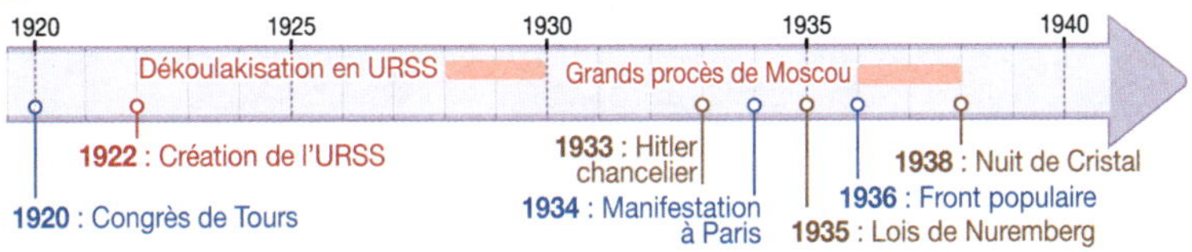

3 La Deuxième Guerre mondiale, une guerre d'anéantissement

A Le schéma

	LES ALLIÉS	L'URSS	L'AXE
Alliances	Royaume-Uni France libre États-Unis Chine	1939-1941 : pacte avec l'Allemagne 1941-1945 : alliée des démocraties	Allemagne Italie Japon États collaborateurs
Violences commises	Bombardements • Hiroshima • Nagasaki • Dresde	• Massacre de Katyn • Viols et assassinats en Allemagne de l'Est • Déportation des Tatars de Crimée	• Génocide des Juifs et des Tziganes • Massacre de Nankin • Oradour-sur-Glane
Bilan humain	60 millions de morts dont 25 millions de militaires et 35 millions de civils parmi lesquels 5 millions de Juifs = 40 % des Juifs mondiaux		

B Le résumé

- Les **combats** sont meurtriers (Stalingrad), les **bombardements** de villes (Coventry, Dresde) n'épargnent pas les civils.
- Les nazis font régner la terreur dans les régions conquises. Ils commettent des **génocides** (extermination d'une population en raison de sa religion, de son ethnie) et assassinent en masse handicapés, Juifs ou Tziganes. Des vengeances (Oradour) ou des calculs politiques (Katyn) justifient des **massacres de prisonniers** ou de personnes sans défense.
- L'usage de la **bombe atomique** anéantit deux villes japonaises.

C La frise

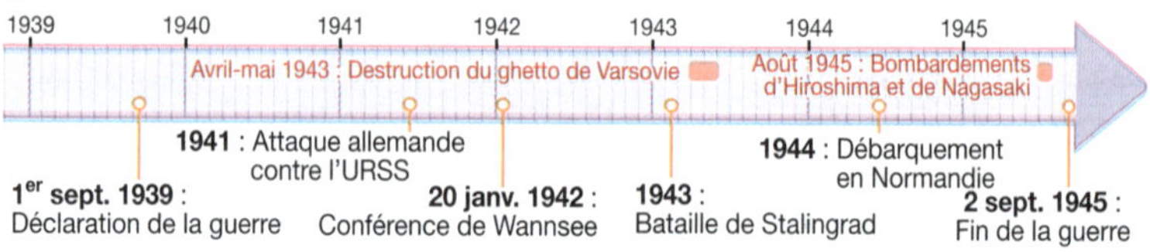

4 La France défaite et occupée. Collaboration et Résistance

A Le schéma

	RÉGIME DE VICHY	FRANCE « LIBRE »
	Pétain, chef de l'État Laval, chef du gouvernement	De Gaulle (Londres) J. Moulin (CNR)
Objectifs	◆ Révolution nationale ◆ France forte dans l'« Europe nouvelle »	◆ Libérer le territoire ◆ Rétablir la démocratie
Politique	**Collaboration** ◆ Économique : aide industrielle, STO ◆ Militaire et policière : bases navales, LVF, milice ◆ Idéologique : déportation de Juifs	**Résistance** ◆ Extérieure : France libre ◆ Intérieure : FFI, FTP ◆ Renseignement, sabotages, aide militaire

B Le résumé

- Engagée dans la guerre, la France subit une humiliante défaite. Le **maréchal Pétain** établit une **dictature** et **collabore** avec l'Allemagne.
- Des Français et décident de **résister** depuis Londres (de Gaulle et la France libre) ou dans le pays, en organisant des maquis et des réseaux. Jean Moulin unifie ces mouvements dans un **Conseil national de la Résistance (CNR)**.
- En 1944, la Résistance participe à la **Libération** et un gouvernement provisoire (GPRF) s'emploie à **rétablir la République** en s'appuyant sur le **programme politique du CNR**.

C La frise

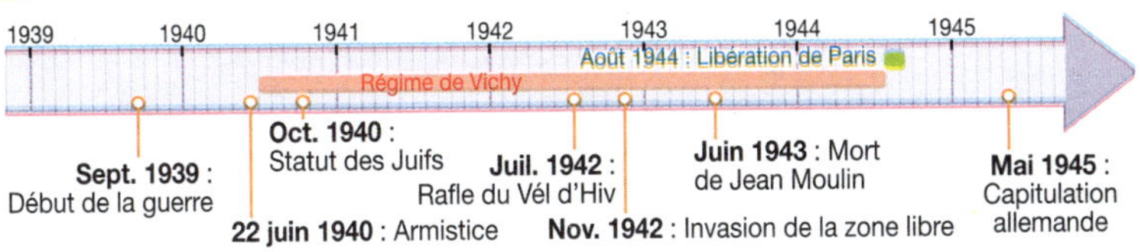

5 Indépendances et construction de nouveaux États

A Le schéma

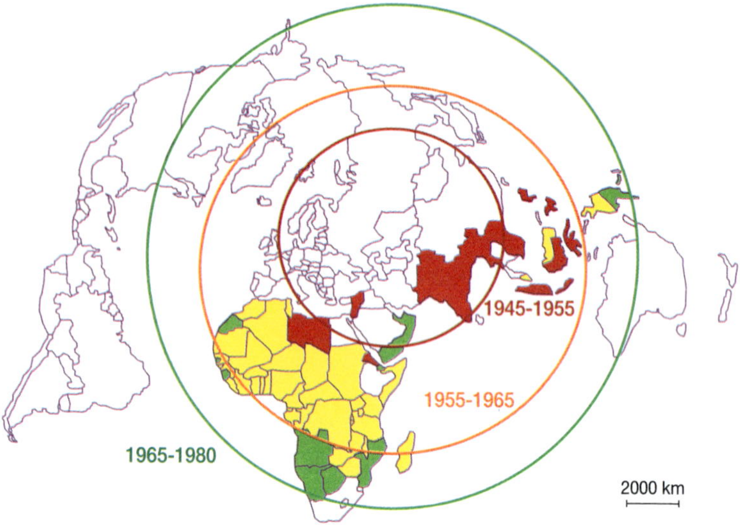

B Le résumé

- Énoncé en 1917, le principe du **droit des peuples à disposer d'eux-mêmes** mobilise les peuples aux côtés des Américains et des Russes lors de la Seconde Guerre mondiale. Dès 1945 se développe un mouvement d'émancipation qui part d'Asie puis atteint l'Afrique. Par la **négociation** (Inde) ou la **guerre** (Indochine, Algérie), les colonies conquièrent leur indépendance.
- Les nouveaux États manquent toutefois de tout et se déclarent solidaires lors de la conférence de **Bandung** (1955). Entre l'Est et l'Ouest, un **tiers-monde** voit le jour, qui peine à trouver sa place sur la scène internationale.

C La frise

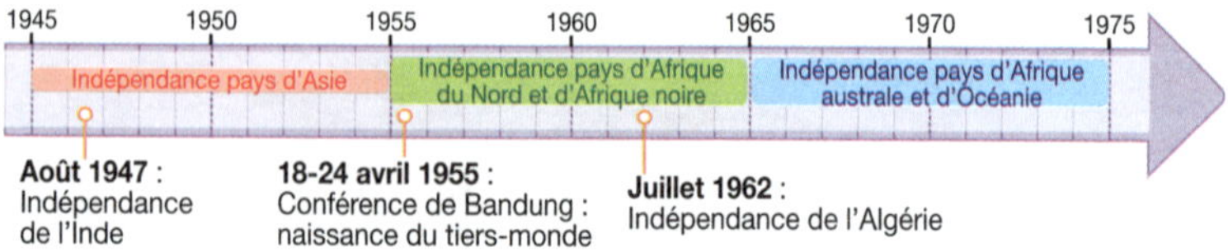

6 Un monde bipolaire au temps de la guerre froide

A Le schéma

	BLOC DE L'OUEST	TERRAINS D'AFFRONTEMENT	BLOC DE L'EST
Puissances	États-Unis	**Pays du tiers-monde** ◆ Corée (1950-1953) ◆ Cuba (1962) ◆ Vietnam (1963-1973) ◆ Afghanistan (1979-1989)	URSS
Alliances	OTAN, OTASE, ANZUS…		Pacte de Varsovie (Europe de l'Est)
Politiques	Démocratie libérale (multipartisme)	**Europe** ◆ Berlin (1948, 1961, 1989) ◆ Euromissiles (1977-1983)	Démocratie populaire (parti unique)
Idéologies	Capitalisme	**Monde**	Communisme
Doctrines	Truman (plan Marshall)	◆ Recherche scientifique ◆ Propagande ◆ Économie	Jdanov (Comecon)

B Le résumé

- Vainqueurs de la Seconde Guerre mondiale, États-Unis et URSS se retrouvent face à face, défenseurs de **modèles de société opposés**. Dès 1947, ils s'affrontent pour imposer leurs idées au monde.
- Ils se combattent sur le territoire d'autres pays (**guerres périphériques**), sur le plan économique, idéologique, culturel ou scientifique. Ils se menacent (**équilibre de la terreur**) sans jamais s'affronter directement.
- En échec, le modèle soviétique cède et l'URSS s'effondre en 1991.

C La frise

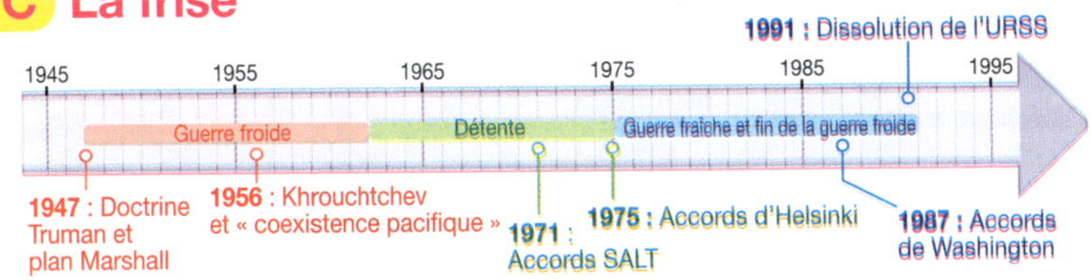

7 Affirmation et mise en œuvre du projet européen

A Le schéma

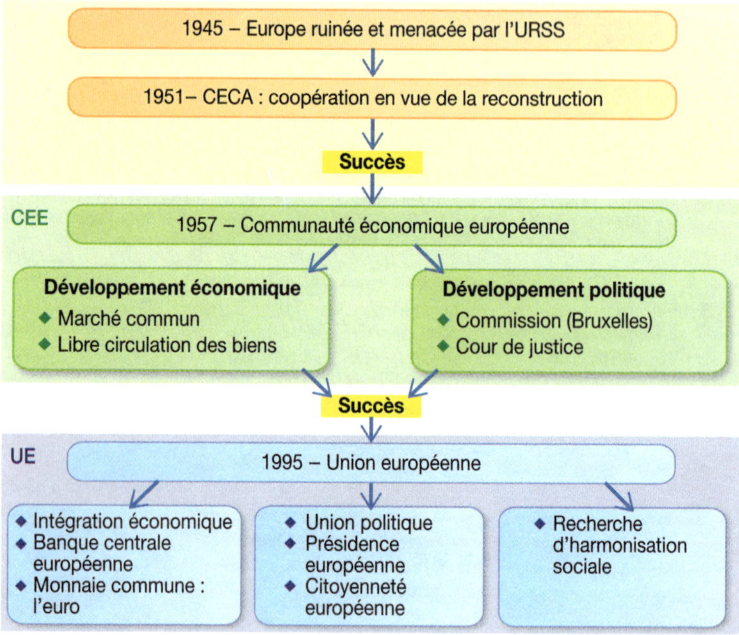

B Le résumé

● L'Europe sort ruinée de la guerre. Pour se reconstruire et préserver la démocratie libérale, **six États** (France, RFA, Italie, Belgique, Pays-Bas et Luxembourg) créent une **communauté économique** (CECA) en mettant en commun leur production de charbon et d'acier. Progressivement, ils établissent entre eux un espace de **libre-échange** (CEE).

● La communauté s'étend et devient la 1re puissance économique mondiale. Les États membres fondent l'**Union européenne**, qui renforce leurs **liens constitutionnels, économiques et politiques**. Celle-ci compte aujourd'hui 28 pays.

C La frise

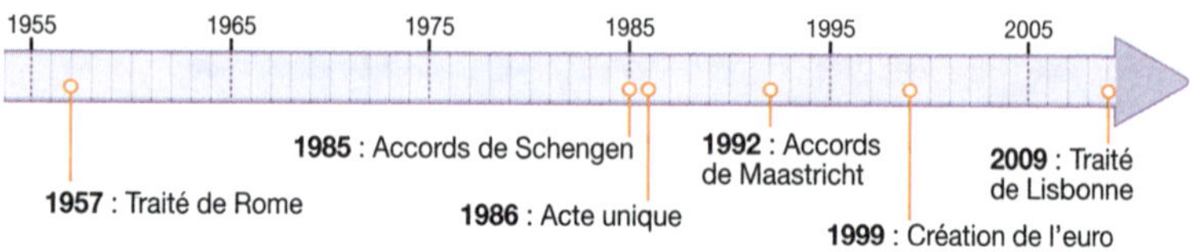

8 Enjeux et conflits dans le monde après 1989

A Le schéma

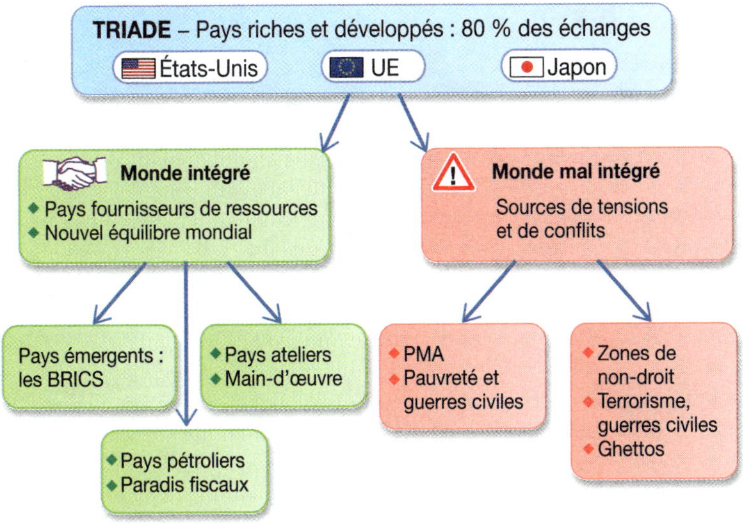

B Le résumé

● Un **nouvel ordre mondial** s'instaure, qui diffuse la prospérité sur toute la planète, mais qui crée aussi des **inégalités sources de tensions**. Les guerres civiles et l'implosion des pays se multiplient.

● Les conflits opposent de plus en plus souvent des États à des organisations non étatiques qui terrorisent les populations dans le cadre de **guerres asymétriques** ou d'**attentats**. Le Proche-Orient est la région la plus déstabilisée. Les conflits qui s'y déroulent ont des répercussions dans le monde entier.

C La frise

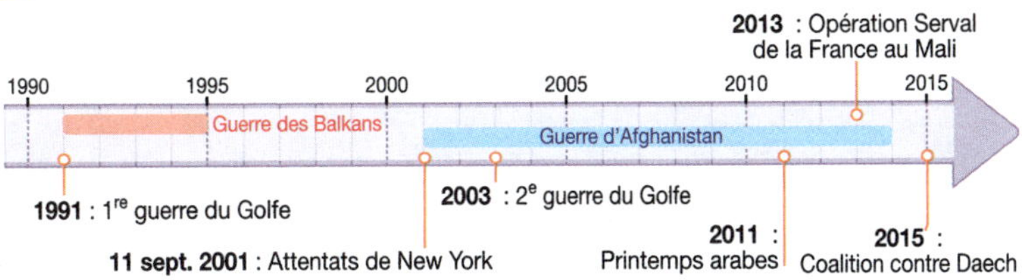

9 1944-1947 : refonder la République, redéfinir la démocratie

A Le schéma

Résistance

« France Libre » + CNR

⇩

GPRF (de Gaulle)

Reconstruction sociale
- Sécurité sociale
- Comités d'entreprise
- Allocations familiales

Restauration de la République
- Parlement fort
- Scrutin proportionnel
- Vote des femmes

Reconstruction économique
- Nationalisations (transports, énergie, banques)
- Planification incitative

B Le résumé

● La Résistance avait pour but de libérer le territoire de l'occupation allemande ; de restaurer aussi la République. Dès 1944, le Gouvernement provisoire de la République française (GPRF) est institué pour mettre en place le programme du **Comité national de la Résistance** (CNR).

● Inspiré par les idéaux de la gauche, ce gouvernement crée des **aides sociales**, accorde le droit de **vote aux femmes** et **nationalise les entreprises** des secteurs clés pour favoriser la reconstruction des logements et des infrastructures. Après de longs débats, une **Constitution parlementariste** est adoptée. L'Assemblée nationale y occupe une place dominante.

C La frise

1944 — 1945 — 1946 — 1947

- **Juin 1944** : Création du GPRF
- **Août 1944** : Libération de Paris
- **Oct. 1944** : Droit de vote des femmes
- **Oct. 1945** : Création de la Sécurité sociale
- **Déc. 1945** : Nationalisation de la Banque de France
- **Oct. 1946** : Adoption de la IVᵉ République

10 La Ve République

A Le schéma

Peuple souverain

LA RÉPUBLIQUE
Président élu au suffrage universel direct (7 ans)

Pouvoirs séparés

Exécutif fort	Législatif contrôlé	Judiciaire
◆ Préside le conseil des ministres ◆ Chef des armées ◆ « Domaine réservé » ◆ Pleins pouvoirs temporaires en cas de crise	◆ Droit de dissolution de l'Assemblée ◆ Pouvoir référendaire ◆ Scrutin majoritaire à deux tours et majorité stable	◆ Droit de grâce ◆ Immunité présidentielle

Limites

Cohabitation président / Premier ministre	Haute trahison

B Le résumé

En 1958, de Gaulle dote la France d'une Constitution qui offre d'importants pouvoirs au président placé « au-dessus des partis ».

● Soutenu par une **majorité stable**, de Gaulle utilise les **pleins pouvoirs** quand des généraux mécontents tentent un putsch contre lui (1961). Face à la crise de mai 1968, il dissout l'Assemblée et retourne la situation à son avantage. Ses successeurs ont les moyens de moderniser la France.

● En 1981, l'opposition de gauche remporte pourtant les élections. L'**alternance** ne met pas la République en cause. Elle résiste à la situation de **cohabitation** de 1986 quand la droite devient majoritaire à l'Assemblée.

C La frise

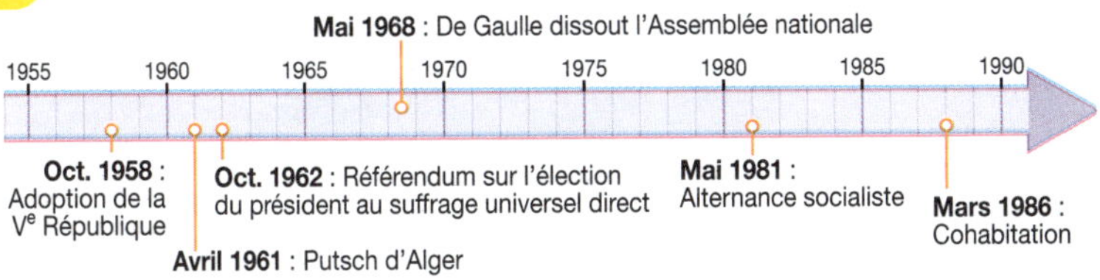

11 Femmes et hommes dans la société des années 1950 à 1980

A Le schéma

Institutions remises en cause	◆ Armée ◆ Mariage ◆ Famille ◆ Église	◆ Abrogation du service militaire ◆ Reconnaissance du concubinage ◆ Séparation par consentement mutuel ◆ Chute de la pratique religieuse
Émancipation féminine	◆ Sur le plan de la sexualité ◆ Sur le plan économique ◆ Sur le plan politique	◆ Contraception, IVG ◆ Droit au compte bancaire ◆ Parité
Vieillissement	◆ Hausse de l'espérance de vie ◆ Baisse de la natalité	◆ Réforme des retraites (60 ans) ◆ Allocations familiales
Mixité culturelle	◆ « Américanisation » ◆ Immigration	◆ Droit à la différence ◆ Droit de vote des immigrés ?
Affirmation de la jeunesse	◆ Émergence d'une « classe jeune »	◆ Droit de vote abaissé à 18 ans ◆ Objectif de 80 % de reçus au bac

B Le résumé

Durant les Trente Glorieuses, la France se modernise et les modes de vie changent.

● D'importantes transformations apparaissent : les **femmes** s'émancipent, la **jeunesse** devient une classe d'âge avec des aspirations nouvelles, l'**immigration** pose le problème de l'intégration de populations de cultures différentes et le **vieillissement** soulève la question du financement des retraites.

● Les gouvernements multiplient les **réformes**, mais les solutions ne sont pas toujours à la hauteur.

C La frise

1965 – 1970 – 1975 – 1980 – 1985 – 1990 – 1995 – 2000

- **1967** : loi Neuwirth (droit à la contraception)
- **1974** : loi Veil (droit à l'IVG)
- **1975** : loi Haby (collège unique)
- **1981** : loi Mauroy (retraite à 60 ans, 39 heures)
- **1988** : loi Belorgey (RMI)
- **2000** : loi sur la parité homme/femme en politique

1 Les aires urbaines

A Le schéma

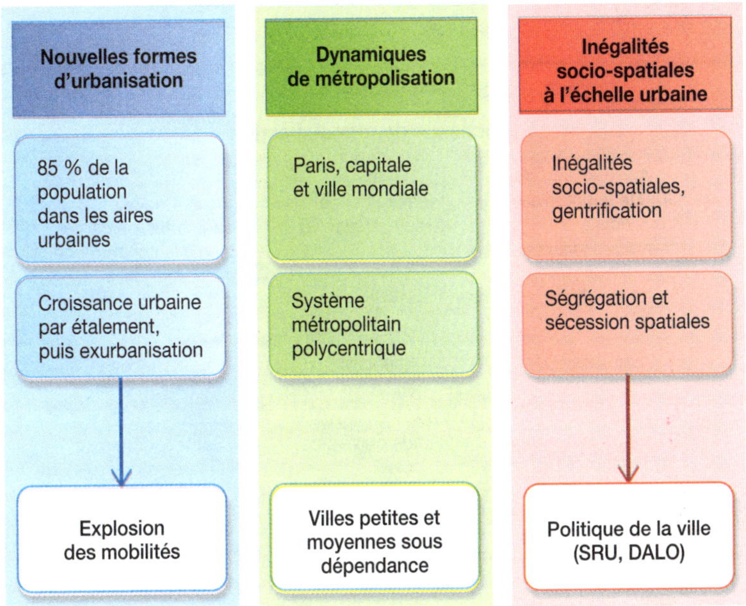

B Les points clés

- **85 %** de la population française résident aujourd'hui dans une aire urbaine.
- La région parisienne compte **12,4 millions** d'habitants et produit **30 %** du PIB français.
- **2000 :** loi SRU (loi relative à la solidarité et au renouvellement urbain).
- **2007 :** loi DALO (droit au logement opposable).
- **2014 :** loi MAPTAM (loi de modernisation de l'action publique territoriale et d'affirmation des métropoles) qui crée 14 métropoles aux compétences élargies.

2 Les espaces productifs et leurs évolutions

A Le schéma

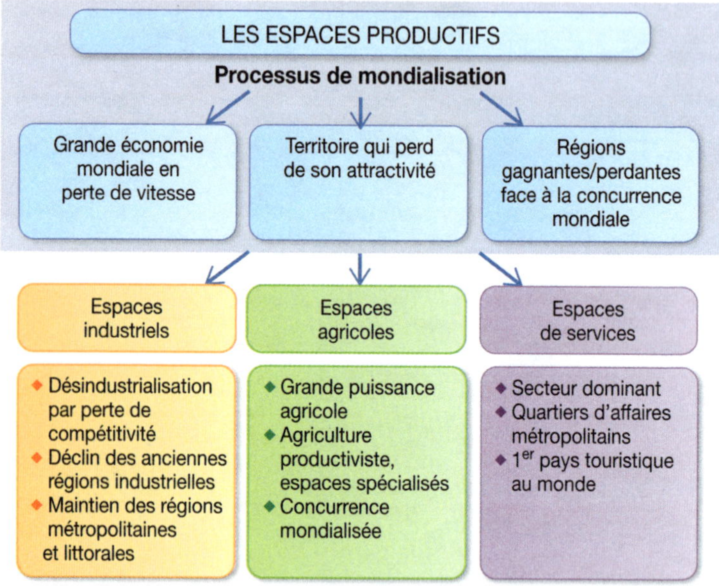

B Les points clés

- Avec un PIB de **2 135 milliards d'euros** en 2014, la France occupe le **6e rang** économique mondial et le **3e rang** dans l'UE. Elle est au **6e rang** des exportateurs mondiaux de marchandises.
- L'**industrie** ne crée plus que **12,5 %** de la valeur ajoutée en 2011 (contre 18 % en 2000).
- 1er producteur agricole européen, la France est aussi le 5e exportateur mondial. L'**agriculture** représente 2,3 % du PIB (6,5 % avec les industries agro-alimentaires). Elle rassemble 3 % de la population active et concerne 29 millions d'hectares (53 % du territoire). En 1957 est mise en place la **PAC**.
- Le **secteur tertiaire** emploie **76 %** des actifs ; la fonction publique en emploie **20 %**. La France est le **1er pays touristique mondial** avec 85 millions de touristes étrangers qui génèrent plus de 42 milliards d'euros de recettes.

3 Les espaces de faible densité et leurs atouts

A Le schéma

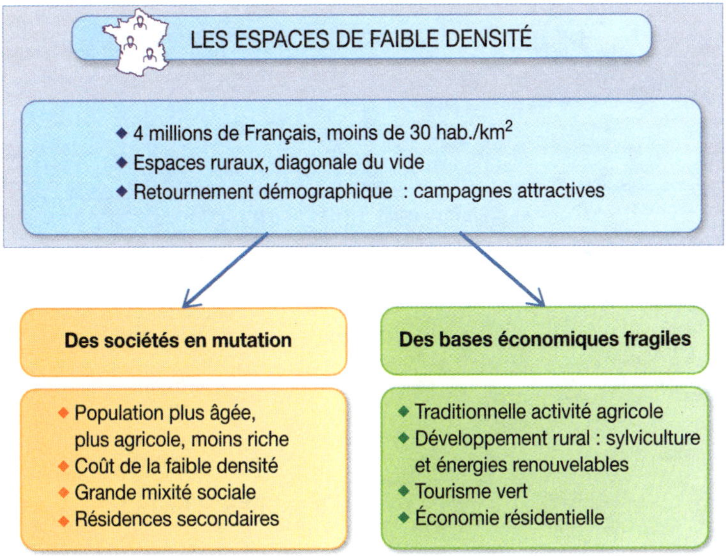

B Les points clés

- La France a une densité moyenne de **118 hab./km^2**.
- **42 % des communes** appartiennent aux espaces de faible densité (moins de 30 hab./km^2) ; **10 % des communes** appartiennent aux espaces désertifiés (moins de 10 hab./km^2).
- Les espaces de faible densité comptent près de **4 millions d'habitants**, dont **0,5 million** dans les espaces désertifiés.
- L'**exode rural** s'est achevé en France dans les années 1970. Entre 2006 et 2011, la population des communes très peu denses a augmenté de **3,3 %**.
- La **surface forestière** augmente en France depuis la seconde moitié du XIXe siècle et atteint aujourd'hui 16,5 millions d'hectares, soit **30 % du territoire**.

4 Aménager pour répondre aux inégalités croissantes

A Le schéma

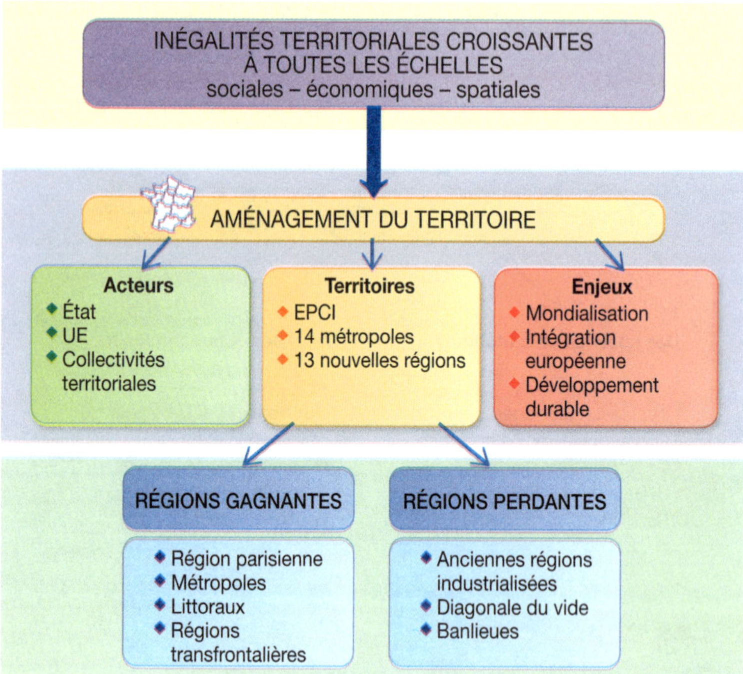

B Les points clés

- L'aire urbaine de Paris concentre **20 %** des personnes vivant en dessous du seuil de pauvreté en France.
- Le taux de pauvreté est plus élevé dans les pôles urbains (**16 %**) que dans les couronnes périurbaines (**10 %**).
- **1963** : création de la DATAR.
- **1982 et 2003** : lois de décentralisation.
- **1er janvier 2016** : mise en place de la réforme territoriale créant 13 régions agrandies.

5 Les territoires ultramarins français

A Le schéma

LA FRANCE D'OUTRE-MER

- Statuts divers : DROM, COM…
- « Confettis d'empire insulaires » sur tous les océans
- 2,7 M d'habitants, forte densité, forte fécondité

Problématiques

- Insularité, distance, isolement
- Économie fragile, déséquilibrée et dépendante
- Villes petites et moyennes sous dépendance

Enjeux

- Ressources
- ZEE
- Géostratégie

↓

AMÉNAGEMENT DES TERRITOIRES

Politique de continuité territoriale et de cohésion

- Politiques d'aménagement
- Infrastructures
- Développement durable

B Les points clés

- **1997** : traité d'Amsterdam – les DROM reçoivent le statut de régions ultra-périphériques (RUP).
- Les outre-mer comptent **2,7 millions** d'habitants, soit **4 %** de la population française totale. **2,1 millions** : population des seuls DROM, dont **844 000** pour la seule île de la Réunion. Le taux de fécondité est de **2,4** pour la Réunion et même de **3,49** en Guyane (1,98 en métropole).
- La France bénéficie de la **2e ZEE** (zone économique exclusive) mondiale grâce à son outremer.
- En **2003**, la France définit une politique de continuité territoriale. Les RUP françaises ont reçu **3,9 milliards** d'euros de subventions européennes pour 2007-2013.

6 L'Union européenne

A Le schéma

L'Union européenne : un nouveau territoire de référence et d'appartenance

La construction d'un territoire européen	L'aménagement du territoire de l'Union européenne	La France et l'intégration européenne
• 1957 : CEE • 1992 : UE • Intégration politique	• Politiques territoriales • FEDER, fonds structurels • Aide d'urgence (Grèce)	• Intégration européenne • Effet frontière • Interconnexion réseaux
+	+	+
• Marché commun • Espace Schengen • Monnaie unique • Politiques communes	• Mégalopole européenne • 2 villes mondiales • Périphéries sud et est	• Effacement relatif de l'État • Délégation de compétences • Montée des régions
+	+	+
• Europe « à la carte » • Crise de l'euro • Euroscepticisme	• Disparités spatiales N/S et E/O • Centres/périphéries	• Essor des territoires transfrontaliers • Eurorégions

B Les points clés

- **25 mars 1957** : signature du traité de Rome créant la Communauté économique européenne (CEE). Après sept élargissements, l'UE compte aujourd'hui **28 membres**.
- L'Union européenne est créée par le traité de Maastricht de **1992**.
- **1995** : mise en œuvre des accords de Schengen (26 membres).
- **2002** : lancement de la monnaie unique. La zone euro compte aujourd'hui 19 États membres rassemblant 338 millions d'habitants.
- **75 %** du stock d'IDE investi en France le sont par des pays de l'UE.

7 La France et l'Europe dans le monde

A Le schéma

	LA FRANCE dans le monde		L'EUROPE dans le monde
+	**Hard power** ◆ Présence stratégique planétaire ◆ Membre permanent du Conseil de sécurité de l'ONU ◆ Force de frappe nucléaire	+	**Construction et intégration européenne** ◆ Paix ◆ Prospérité
+	**Soft power** ◆ Héritage historique ◆ Francophonie ◆ Exception culturelle	+	**Espace de production mondial** ◆ Ensemble ouvert ◆ Firmes transnationales
–	**Croissance économique faible** ◆ Divergence atlantique ◆ Décrochage français ◆ Recul démographique relatif	–	**Croissance économique faible** ◆ Divergence atlantique ◆ Concurrence des pays émergents ◆ « Vieux continent »

B Les points clés

- Avec **66 millions** d'habitants, la France compte **0,9 %** de la population mondiale. Le français est la langue officielle de **29 pays** et de **220 millions** de personnes.
- La population de l'Union européenne est de **508 millions** d'habitants. L'industrie européenne représente près de **20 %** de la production mondiale. La part de l'UE dans le PIB mondial est tombée de 30 % à **24 %** en 10 ans (Europe : 28 %).
- L'Europe réalise **38 %** du commerce mondial (UE : 32 %, dont les deux tiers intracommunautaires). L'UE émet et reçoit **21 %** des flux d'IDE mondiaux.

1 La sensibilité : soi et les autres

A Citoyenneté française et européenne : des droits et des devoirs

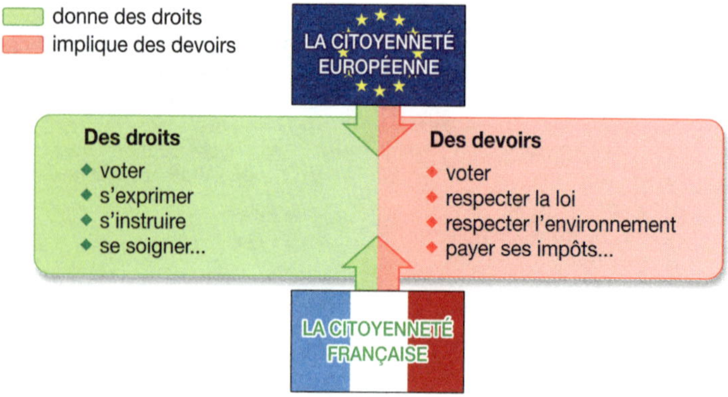

B Les symboles de la Ve République

L'**emblème national** est le drapeau tricolore, bleu, blanc, rouge. L'**hymne national** est *La Marseillaise*. La **devise nationale** reprend les grandes valeurs républicaines : « Liberté, Égalité, Fraternité. » Ces symboles placent le régime républicain dans le prolongement de la Révolution française de 1789.

- **Les trois couleurs nationales** allient le blanc, symbole de la monarchie, au bleu et rouge, couleurs de la Ville de Paris.

- Composée en 1792 par Rouget de Lisle, ***La Marseillaise*** est l'hymne national depuis 1879.

- **Marianne** incarne la République depuis les années 1880. Son buste est présent dans chaque mairie à côté du portrait du chef de l'État.

- **Le 14-Juillet** est le jour de la fête nationale.

2 Le droit et la règle : des principes pour vivre avec les autres

A Le parcours de la loi

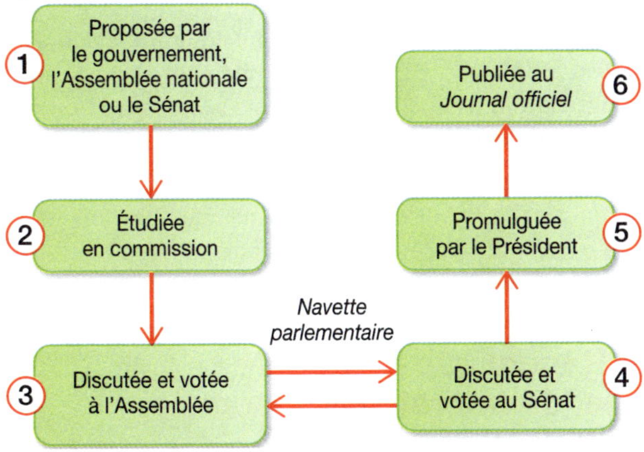

- Le **droit** est l'ensemble des règles qui régissent la conduite du citoyen en société. Chacun doit respecter ces règles communes.
- Les Français sont **égaux en droit**. Tout délit les oblige à comparaître devant un juge. Jusqu'au verdict, le prévenu bénéficie de la **présomption d'innocence** : tant qu'il n'est pas condamné, il est considéré comme innocent des faits qui lui sont reprochés. Tout prévenu a droit à un avocat ; s'il n'a pas les moyens d'en solliciter un, un avocat lui est commis d'office.
- La **prescription** définit le délai à l'expiration duquel une action judiciaire ne peut plus être exercée (on ne peut plus poursuivre le suspect).

B Les symboles de la Justice

La **balance** représente l'équilibre et la mesure. Sur les plateaux sont placés les éléments à charge ou à décharge. Le **glaive** incarne le pouvoir de trancher un litige et de sanctionner. Le **bandeau** symbolise l'impartialité.

C Les droits et devoirs des Français depuis 1789

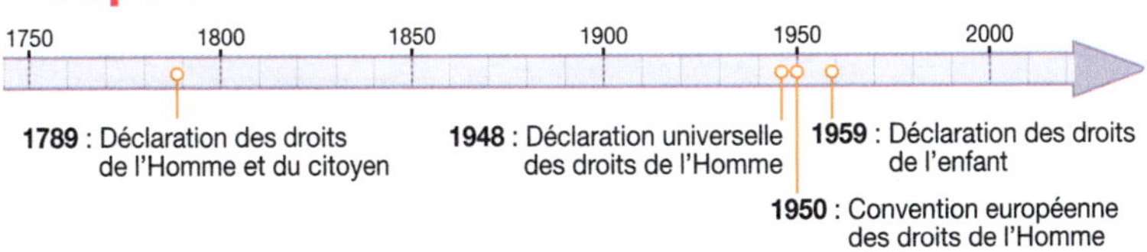

3 Le jugement : penser par soi-même et avec les autres

A La République française, une démocratie

- Les **principes fondamentaux de la République française** sont inscrits dans sa **devise : « Liberté, Égalité, Fraternité »**. Ils se traduisent par des droits intangibles, à la fois politiques et sociaux, qui ont été reconnus aux citoyens par les différents régimes républicains.
- Le principe de liberté induit la liberté individuelle, d'opinion, d'expression, de réunion, de culte, mais aussi la liberté syndicale et le droit de grève, par exemple. Le principe d'égalité induit le suffrage universel, l'égalité entre les sexes, l'égalité devant la loi, devant l'impôt, notamment.

B Une République indivisible, laïque, démocratique et sociale

« Une République indivisible »
Aucune partie du peuple, aucun individu, ne peut s'attribuer l'exercice de la souveraineté nationale. Seul le peuple exerce cette souveraineté par la voie de ses représentants ou du référendum.

« Une République laïque »
La laïcité dérive des principes de liberté et d'égalité. Par la séparation des Églises et de l'État, aucune religion n'a de statut privilégié au sein de la République et chaque individu dispose de la liberté de ses opinions et de sa foi.

« Une République démocratique »
Le caractère démocratique de la République implique le respect des libertés fondamentales et la désignation des différents pouvoirs au suffrage universel, égal et secret.

« Une République sociale »
Le caractère social de la République dérive de l'affirmation du principe d'égalité. Il s'agit de contribuer à la cohésion sociale et de protéger les plus démunis.

Les **révisions récentes de la Constitution** ont introduit de nouveaux principes :

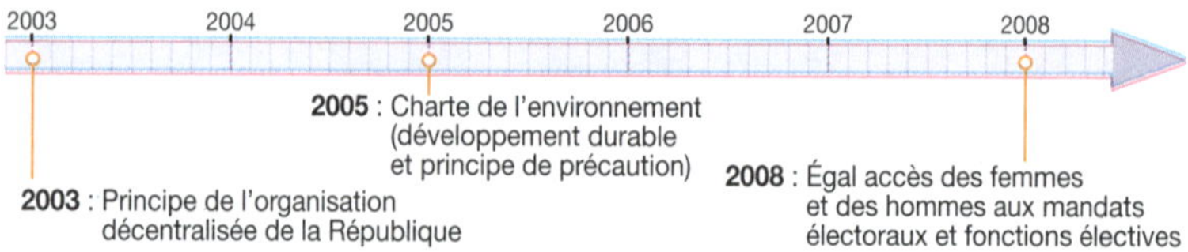

4 L'engagement : agir individuellement et collectivement

A Les quatre formes de l'engagement

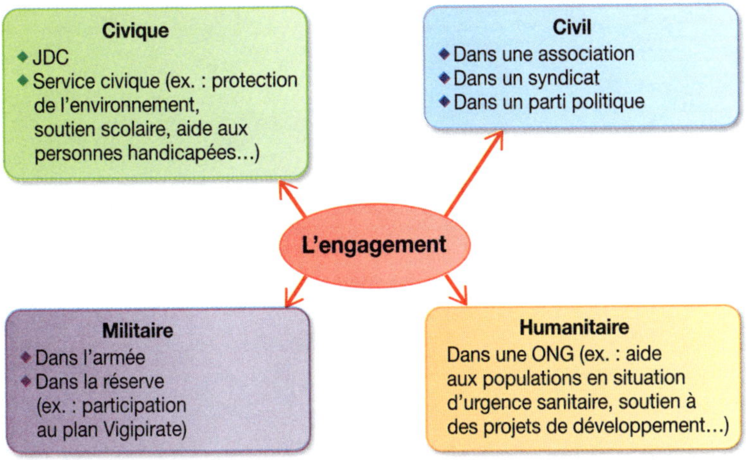

- Le **service civique** est un engagement volontaire que chaque jeune âgé de 16 à 25 ans peut offrir au service de l'intérêt général.
- La **réserve** est un contingent de citoyens qui entretiennent leur formation militaire en vue de missions ponctuelles de la Défense.
- Les **ONG** (**organisations non gouvernementales**) sont des associations à but non lucratif, d'intérêt public et de statut international.

B Les cinq missions de la Défense nationale

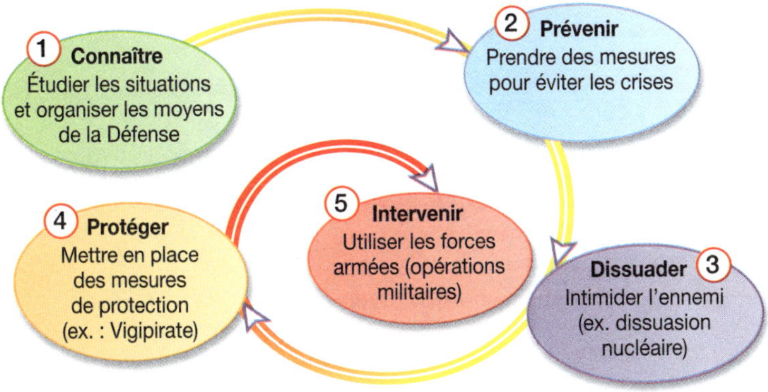

EMC

Pour ton brevet
EXIGE LE N°1
RÉFORME
NOUVEAU BREVET
DU COLLÈGE
prépabrevet
COURS & ENTRAÎNEMENT
3e
Maths
Les fiches de cours
Les méthodes du brevet
Exercices et sujets types
Tous les corrigés détaillés
+ des rabats aide-mémoire
GRATUIT
Un abonnement au site de révisions annabac.com
Hatier
prépabrevet
TOUT-EN-UN
COURS • SUJETS • CORRIGÉS
3e
Français
Maths
Histoire-Géo EMC
Physique-Chimie
SVT
Anglais
& BREVETS BLANCS
GRATUIT
Un abonnement au site de révisions annabac.com
Hatier
prépabrevet
COURS & ENTRAÎNEMENT
3e
Français
Les fiches de cours
Des exercices progressifs
Des sujets de brevets blancs
Tous les corrigés détaillés
+ des rabats aide-mémoire
GRATUIT
Un abonnement au site de révisions annabac.com
Hatier
@
Pour un
ouvrage acheté,
un abonnement
GRATUIT
au site annabac.com
Hatier
www.hatier.fr